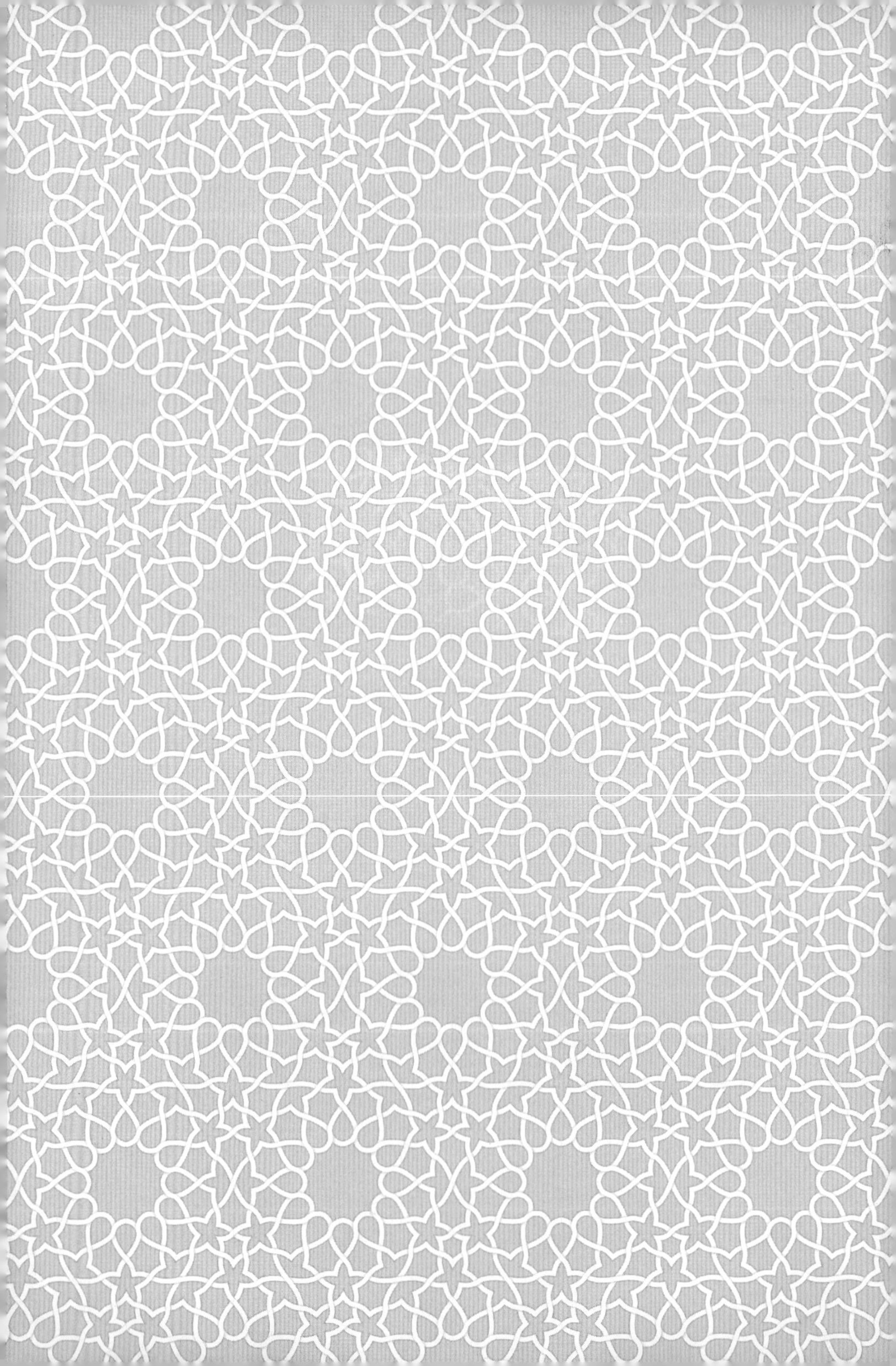

我們都是
星族人
1
王謹菱 著
眾生

致所有星族家庭成員：

讓我們再次相敘
讓你記起誰是你
擁抱自己
為活在當下的你而鼓掌
為勇於面對每個維度的你而喝彩
假象最終必落幕
無垠宇宙時空只是一念而起
一念而落無識無痕
最終只有圓滿喜樂

——多瑪宇宙

目錄

自序

《我們都是星族人1》能夠面世給我最大的感受是感恩和奇蹟。

感恩——讀者對「我們都是星族人」概念的支持，讓我知道天大地大還是有很多同路人，他們對我的鼓勵讓我有勇氣繼續寫下去。

奇蹟——《我們都是星族人1&2》這兩本書給我的見證是不斷發生的奇蹟，生命會用很多方法讓我們相信自己，讓我們成長，不要因爲在別人眼中被視爲荒誕奇詭的念頭而放棄。只要面對它擁抱它，這些種子自會尋找最合適的土壤開花結果。在《星0》所提及的多瑪學院在這個三維世界成爲了一個非營利機構，我們希望把所接收到的訊息、能量、光語圖和音頻以一個有系統的方式傳揚下來，讓更多的朋友可以通過我們，對自身有更深層次的認識。至於能量救援隊的理念則讓那些失散的兄弟姐妹可以再次聚首，集合力量完成在這幻象生命裡的歷練。

對我而言，這兩本書，讓我真切感受到源頭對我的愛和指引，因爲這一切是如此難以置信。

最後我衷心感謝橡樹林，讓這本書能在台灣出版，使更多讀者有機會接觸《我們都是星族人》。我也必須要感謝我的編輯和替我繪畫封面的女兒 Ziv Eisen，感謝家人對我寫到昏天地暗不眠不休時的耐性。當然還有每一個啓發我、幫助我，在我覺得難以完成的時候給我鼓勵的你們：Lydia Lam，Caroline Surawati Tjhin，Fanny Yip，Sara Levi，Bella Lee，Bonnie Ching，Shuk Ling Wong，Andy kwok，Daniel Lee，歐陽錦超。

感謝你們的出現，讓我知道我並不孤單。

王謹菱

二〇二二年二月二十日

星語圖下載：

《我們都是星族人1》在每個章節之前都有一幅彩色星語圖，這幅圖有著這個章節的能量，並以圖案、數字和顏色讓感覺釋出。讀者可以掃描QRcode下載這些彩色星語圖。你們可以用這些星語圖來作靜心，或閉上眼睛感受書中的圖案和能量，嘗試以另一種方式閱讀，讓我們帶你在閱讀本書時遊走於不同維度的能量層，享受這個星族旅程。

謝謝各位對這本書的支持，請掃描QRcode開始星族之旅！

1

靈獸所挑選的人

……然後思緒又回到婆羅浮屠佛塔上。根據書上解釋，這個佛塔從底部到頂端象徵佛教宇宙學的三個層次：慾望世界（Kāmadhātu）、有形世界（Rupadhatu）和無相世界（Arupadhatu）。每一層的進階代表不同的覺性層次。沿著樓梯拾級而上，可以依從佛教的繞塔模式從左到右繞一圈，如果有人熟悉 Sri Yantra 的繪畫方法，可能可以按照那個造型行走……

素桑一覺醒來睜開眼看到的是印尼式的高樑木雕建築，微風吹進來，紗幔飄揚，桌椅全是古樸的木頭做成，有些磨滑了，木頭還帶有經過歲月洗禮的青青白白。房間在二樓，沒有門，應該說有兩面是沒有牆，完全是依山而建，被山環抱著。掀起紗幔，外面的樹林深深淺淺不同層次的綠，像一幅巨型的油畫，特別在下雨後可以感受在當中被綠色自然能量包圍、清洗的感覺，遠處依稀可以看到婆羅浮屠（Borobudur），一座位於印度尼西亞中爪哇省的大乘佛教佛塔遺跡，距離日惹市西北四十公里，車程約一個小時，它是世界上最大的佛塔。根據書中所載，這座寺廟由九個堆疊的平台組成，頂部有一個中央圓頂。它包含了有二千六百七十二片浮雕板和五百零四尊佛像。中央穹頂由七十二尊佛像包圍，每座佛像坐落在多孔佛塔內。正在想得出神，女兒瑪雅走進房間，問素桑要不要吃早餐：「洛娃和馬迭已經把早餐準備好，叫我們先吃早餐然後出發到婆羅浮屠。」素桑聽後便飛快的梳洗然後下樓。

昨天素桑和洛娃突然看到一個關於婆羅浮屠的訊息，覺得深受吸引，於是匆匆訂了機票就啓程，只是這次素桑也帶了女兒瑪雅，經過之前上山、下海、開星門的經驗，現在的素桑和洛娃更能活在當下的每一個提示和指引。四個星族姊妹最近忙於籌備成立多瑪學院，除了申請非營利組織牌照，還要做網頁把多瑪學院的理念落實。

瑪雅今年十六歲，身高手長，有音樂和繪畫天分，只是一個小意外讓她的手不能再靈活彈琴，作爲母親的素桑還是有一點遺憾。

以往的素桑都是獨行俠，現在有了女兒，她的改變是可見的。修行人都比較喜歡獨來獨往，不喜牽絆，當素桑有小孩的時候，大家都很詫異，當年洛娃就問過素桑：「一個如此天性愛自由的人，又整天想著要回歸本源的人，爲何會生小孩？」

這個問題其實素桑自己也想了很久，她以為自己這一生不會生育，然而他們就是用他們的方法在這個世界出現。他們以她為導體來到這個世界，當然歸根究底就是「我」自己還有「念」。姑且不說這是什麼念，但念動了就自然會有事情發生，所以 Papaji 曾經說過：

"You have to be very careful, to be vigilant to see what is coming from the mind and to see the happiness that is coming from the Self."

「你必須十分謹慎，要嚴厲的檢視什麼來自思維，並同時看到來自於你自性的快樂。」

念頭往往會無聲無息的出現，待你發覺的時候，它已經在大張旗鼓的左右著你。素桑覺得思維往往會用各種方法把人哄騙，編織了美麗的謊言和圖畫讓我們慢慢墮入陷阱，當然最終歸咎的還是自己，怨不得人，而且要承擔後果。

她們一行三人在雅加達轉機飛日惹，再坐一個小時的車到婆羅浮屠。昨天晚上折騰至深夜才抵達洛娃的朋友馬迭的家，晚上的婆羅浮屠小鎮漆黑一片，今天醒來看到綠油油的山巒起伏，猶如一份清晨的禮物。

馬迭是土生土長的印尼畫家，他的畫作贏過很多國際獎項，年約四十出頭，是三個孩子之父。素桑很多年前在峇里島見過他，那個時候他還是小伙子一個，沒有成名也沒結婚，但就公認是天才橫溢的年輕畫家。現在偶然住在峇里，有時候會過來婆羅浮屠這間房子。洛娃昨天找他，他剛好在，所以邀請她們在這裡落腳。

「大家早！」素桑跟大家打招呼。

餐桌旁除了馬迭和洛娃外，還有一個眼睛大而明亮的妙齡女孩，看來也是十五、六歲，身材嬌小，一頭鬈髮和金棕蜜杏色皮膚，十分漂亮。馬迭說：「這是我的大女兒，秋丘。」

秋丘跟大家點頭，禮貌微笑。

素桑也把瑪雅給介紹了，兩個年齡相約的女孩打了招呼。

在桌面上有著各式各樣的食物，有素桑最喜歡的酪梨無奶奶昔，各種水果，煎餅和斑蘭糕，都是她喜歡的印尼食品。其實只要有洛娃在，她都會打點，把一切都準備得妥妥當當。洛娃是印尼華僑，在家境富裕、兄弟姊妹眾多的雅加達長大，結婚的時候就去了香港，一待幾十年，雖然每年也會回印尼兩、三次，但都以香港爲家。跟洛娃去印尼是最舒適的事情，因爲她會印尼語而且朋友眾多，所有需要的都一應俱全。

「已經約了司機，吃完早餐就可以出發！」洛娃跟大家說。

「你上次來看婆羅浮屠是什麼時候？」素桑問洛娃。

「那是很多年前了，那時候我在香港還有一家印尼工藝品店，所以常常會到日惹買些工藝品回去賣。日惹是印尼皇室的城市，人人謙恭有禮，工藝品的手工也是全印尼最好的。有一次在日惹突然想到婆羅浮屠就僱車去了。當天有很多日本人拍照，我卻不解，那些日本人告訴我原來那夜有流星雨，所以特意來拍攝的。那晚我們等到半夜吧，漆黑的天空突然劃破了一條銀色的光痕，然後無聲的夜空陸續不斷的有其他光痕，在佛像的頭頂橫空而過，眞的很漂亮、很震撼，同時感懷生命稍縱即逝如流星閃過。」洛娃說的時候仍可看到她眼中冒出的光芒。

洛娃接著說：「婆羅浮屠在高空看就像是一個曼陀羅（在梵語，字面意思是『圓圈』，印度教和佛教中象徵宇宙或宇宙的一個縮影），雄偉而壯觀，沒有人知道佛塔是誰建造的，也沒有人知道是如何建及何時建成。現在考古學家估計佛塔建造於公元九世紀至十四世紀，因回教入侵而被廢棄。」

公元七六〇年至八三〇年是中爪哇夏連特拉王朝（Sailendra Dynasty）的鼎盛時期，有人說夏連特拉的開國君主 Sanjaya 國皇信奉大乘佛教，受到三佛齊（SriVijay）帝國的影響；也有歷史學家說他是印度教徒，曾在浮屠以東十公里外的 Ukir 山上建造印度教濕婆神廟。相信在那個時期，印度教和佛教沒有很清晰的分野，然而關於婆羅浮屠的一切都只是推算，所有問題都不能解答。還有一點，從十四世紀開始，回教入侵之後整個婆羅浮屠就像被湮沒了一樣，有些古老傳說認爲這段時期的婆羅浮屠是沉到地底裡，所以逃過了被瓦解的厄運，靜待時機，等世人能夠接受它的時候再出來。終於，在一八一四年，湯瑪士．史丹佛．萊佛士爵士（Sir Thomas Stamford Bingley Raffles，當時英國在爪哇的統治者），由當地的原住民告知婆羅浮屠的位置，他在被火山灰掩蓋與茂密叢林中找到這個全世界最大的佛塔。其後婆羅浮屠經過好幾次修復得以保存。印尼政府和聯合國教科文組織在一九七五年至一九八二年間進行了大規模的修復項目，並將之列爲聯合國教科文組織的世界遺產。這座佛塔建成了多久？沒人曉得，但它經歷過被多年埋於火山灰和茂密叢林下，逃過火山爆發、地震、恐怖襲擊，最後安然無恙。但誰建造了一座如此大的佛塔卻沒有半點線索？

大家聽了都搭不上嘴，因為不知道的事情實在太多了。從馬迭家到婆羅浮屠佛塔約三十分鐘車程，沿路都是綠油油的農田，不然就是一些民居，沒有什麼特別。車上只有洛娃、秋丘、馬雅和素桑，馬迭沒有跟來。在車上大家都很沉默，馬雅和秋丘全程戴上耳機聽音樂，素桑和洛娃都各自沉醉在自己的思緒裡，到達婆羅浮屠，她們下車買了門票，一直沿著指示路標從紀念碑開始出發，今天有很多遊人，見到一團團的僧侶和佛教徒，也有學生，大家都是往佛塔前進。一直走的時候看到不遠處的佛塔，在陽光的照射下，巍巍的矗立在山上。

石頭經過年月的洗禮已呈灰黑色，佛塔是梯形金字塔的風格，寺廟有六個方形基地，頂部有三個圓形層和中間一座拱形大主佛塔，其實這些小佛塔不需要什麼幻想能力就看起來像一架一架小型的太空船，一個人坐在裡面隨時可以起飛。素桑甚至可以看到一架一架的太空船升降、停泊、起飛，這裡渾身散發著一種不屬於地球的氣息。據說佛塔的建築是依據 Sri Yantra 曼陀羅而建成，代表尋道者要依從這個曼陀羅的走法而達至大圓滿（Enlightenment）。

素桑邊走邊想現代人應該對「證悟」一詞有多些了解，才能給自己提供這項選擇，當然她覺得這其實是唯一的選擇。「證悟」一詞很多人認爲這是佛教或印度教的專有名詞，其實也不盡然。素桑有一次無聊地在網上查看古往今來得到證悟的名單，總共有八十九人，當然有一些她不予置評，也有一些可能是修行達到一種品位，可是在傳統佛教或印度教裡他們還不算是達到佛境，也有一些沒有加進來。這部分特別爲人熟悉的名字包括：印度佛教的佛陀、印度教的阿迪山卡拉（Adi Shankara）、卡比爾（Kabir）；猶太教的摩西（Moses）、以諾（Enoch）、巴爾．謝姆．托夫（Baal Shem Tov），耶穌（Jesus）；巴哈伊教的巴哈歐拉（Bahá'u'lláh）；中國佛教禪宗的慧能；伊斯蘭教的穆罕默德（Muhammed）；印度上師拉瑪那．馬哈希（Ramana Maharshi）、尼薩加達塔．馬哈拉吉（Nisargadatta）、H．W．L．龐賈（HWL Poonja）；藏傳佛教的宗喀巴、伊喜措嘉（Yeshe Tsogyal）、帝洛巴（Tilopa）；印度行者斯瓦米・拉瑪（Swami Rama Tirtha）；天主教女聖人聖加大利納（St Catherine of Siena）、聖十字若望（St. John of the Cross）；古希臘賢士蘇格拉底（Socrates）；婆羅門教吠檀多派阿迪・商羯羅（Adi Shankara）；印度瑜伽士拉瑪克里斯納（Sri Ramakrishna）；道家老子；佛教龍樹（Nagarjuna）；蘇菲（Jnaneshvar）、薩納伊（Hakim Sanai）、Bahaudin。

名單裡還有很多，有一些現代的但素桑沒有把他們跟大圓滿聯繫起來，因爲仍存在很多爭議。其實我們可以看到「證悟—大圓滿」並不是一個佛教或印度教的專有名詞，「證悟」一詞是指已經脫離三界六道輪迴，或已回到心之居所……當然佛陀將這個概念表達得淋漓盡致而且還留下很多法典，教導所有要循此道而行的人。然而，倘若我們以一個遺留在地球的星族人來看，對「證悟」一詞可能有新的理解，「證悟」是否包括以下幾點：

1. 如何跟原生星族連接？
2. 如何能回歸原生星族？
3. 如何能改變在地球的身體或思維頻率，死後能到達其他頻率較高的星球？這點在埃及和藏傳佛教可以找到很多例證。

4. 如何能回歸本源？這是回歸到沒有創造、一切還未開始之前。是否在修行證悟的道路上就已經能夠得到以上問題的答案？這個是否就是千百萬年來關於生與死的祕密？什麼是生？什麼是死？死亡意味著什麼？這不是人類最害怕的問題嗎？人類最原始的恐懼。爲何人會對死亡有所恐懼困惑？

素桑邊看邊思索，舉頭看到蔚藍的天空幾乎沒有一絲雲彩，然後思緒又回到婆羅浮屠佛塔上。根據書上解釋，這座佛塔從底部到頂端象徵佛教宇宙學的三個層次：慾望世界、有形世界和無相世界。每一層的進階代表不同的覺性層次。沿著樓梯拾級而上，可以依從佛教的繞塔模式從左到右繞一圈，如果有人熟悉 **Sri Yantra** 的繪畫方法，可能可以按照那個造型行走，事實上，由於中間是佛塔，沒有路也不能橫跨，所以只能繞著中間主塔而行。每個石板的佛雕生動細緻，敘述一些不知名的故事，也是關於夏連特拉王國的。然而，走在其中，一點宗教關係也沒感覺到，也連不上。

她倒感覺到強大的能量，但卻分辨不出是哪一種能量，雖然婆羅浮屠佛塔和埃及金字塔應該屬於不同的宗教、時期、國家的產物，說的也是不同的故事，但爲什麼素桑總覺得它們有些關連？

其實不同種類的金字塔突然出現在地球不同的地方：墨西哥猶加敦的庫庫爾坎金字塔、帕倫克的瑪雅金字塔、特奧蒂瓦坎（墨西哥）的太陽和月亮金字塔、吉薩金字塔（**Giza pyramid**，吉薩金字塔的用處和建造在《我們都是星族人0》一書已詳述）、瓜地馬拉的提卡爾和宏都拉斯科潘、中國二十大陝西金字塔、波士尼亞的太陽和月亮金字塔，以及西爪哇、印度尼西亞的 **Gunung Padang** 金字塔。

這些金字塔，今天只是一個受保護的遺跡，但建築者當初建造的原因是什麼呢？選擇這些地方、建築的方法、尺寸，周圍的環境、水源，還有建築時的能量分佈，我們今天又可以窺探到多少？眞希望有一天世界上有一個完整的報告，讓已知和未知的金字塔好好一起討論。

馬雅一向喜歡畫畫，最近迷上了攝影，拿著非常專業的照相機在拍照，秋丘和洛娃不知道去向。很多僧人在誦經，整座佛塔被一種寧靜祥和的頻率包圍著。

素桑坐在佛像旁觀看景色，秋丘突然間走過來跟她說：「前面那坐山就是默拉皮（Merapi）火山，在二〇一〇年曾經有一次大爆發，政府疏散了三十五萬居民，但仍有三百五十三人死亡，最近火山又開始出現噴發跡象。」

「我也有聽聞那次的火山爆發是非常嚴重的。」素桑看到這冒出白煙的火山，喃喃自語，馬雅聽見便走過來。

「那不只是嚴重，該說像烈火地獄。」秋丘說。

「你當時在場？」素桑很驚訝的說。

「是的，這是我的任務，解救眾生於苦海。」秋丘字字鏗鏘的說。

素桑心想這個女孩應該頂多十六、七歲，爲何她的話裡有這種氣魄？不禁再重新打量。她有長而濃密帶微鬈的頭髮，眼睛大而黑白分明，鼻高，膚色較淺跟一般的印尼人有點不同。身型不高約一六三公分，卻比同年紀的女孩少了一份稚氣，多了一份篤定。

「那時火山區不是都在疏散人群和封山嗎？你怎樣進去幫他們？」素桑還是想進一步了解。

「卡卡鳥會帶我進去，再把我帶出來。」秋丘輕描淡寫的說，彷彿跟事件沒關係。

「什麼鳥叫卡卡鳥？我好像沒有聽過，是你改的名字嗎？」馬雅打趣說。

「卡卡鳥就是我們的國鳥，這是我給牠的名字。」秋丘說。

「哦！你說的是迦樓羅（Garuda），也叫大鵬金翅鳥！這是在《摩訶婆羅多》（*Mahabharata*）中毗濕奴（Vishnu）的座駕，迦樓羅被視爲能力和速度的化身，象徵著皇權與正法。在佛教裡牠是一隻大的金鳥，也是天龍八部（佛教的護法神——包含天眾、龍眾、夜叉、乾闥婆、阿修羅、迦樓羅、緊那羅、摩羅迦八類），以龍／蛇爲食。」素桑吃驚的叫了一聲。

馬雅對佛教故事並不熟悉，所以聽不明素桑的說法。

「卡卡鳥怎麼來找你？」素桑繼續問。

「從小卡卡鳥就會出現在我的面前，後來我發現其他人是看不見牠的。牠在我小時候就一直陪伴我玩耍，有時候晚上還會帶我去不同的地方——不屬於地球的地方，只要我的心想牠、念牠的名字，牠就會出來。」秋丘說。

「你現在能召牠出來嗎？」素桑興致勃勃的說。

「牠早就來了，是牠叫我跟你說話的，只是牠說現在還不是現身的時候。時候到了牠會見你的。」秋丘若無其事的說。

「還有你，卡卡鳥說你的問題是可以解決的，不要把問題無限放大。」秋丘對著馬雅說出了這一句。

馬雅聽了臉色一沉，不太想聽。

素桑心中明白秋丘所指，只是覺得現在不是時候討論，所以沒有繼續。

洛娃繞了好幾圈，看到她們就過來休息並說：「今天是衛塞節（Vesak），所以有那麼多的遊人。」

「衛塞節是南傳佛教傳統，釋迦牟尼佛誕生、成道、入滅的日子也是月圓夜。其實佛陀並不是眞的在這一天誕生、成道、入滅，只是後人爲了紀念他而把這天歸納起來成了節日而已。在一九五〇年，國際佛教團體世界佛教徒聯誼會（World Fellowship of Buddhists, WFB）在斯里蘭卡的首屆會議中，通過了慶祝衛塞節的決定，並請求各國政府領袖將五

印尼國徽（攝影：Lydia Lam）

攝影：Lydia Lam

月的月圓之日定作公眾假期，以紀念佛陀。另在一九九九年的第五十四屆聯合國大會上，由十六國代表共同簽署的文件中，請求了對『衛塞節的國際認同』。」洛娃繼續跟素桑說，然後秋丘和馬雅又跑到別處去。

「秋丘跟你說了嗎？」洛娃問。

「說了，你指的是大鵬金翅鳥是嗎？很有趣！這個小妹竟然有此因緣，眞特別！」素桑回答說。

「她媽媽是皇室中人，她是半個皇族，從小就被靈獸挑選了，眞的很特別！以前很多傳說也有提到皇室跟迦樓羅的關係，還有如果你有看過在日惹的皇宮博物館，你絕對不會懷疑他們的祖先可能見過其他星族人，並與星族人有一定的聯繫，有機會你一定要去看看。」素桑聽了後點頭示意。

「剛才買入場票的職員說，今天晚上因爲衛塞節會有供佛、誦經和放燈儀式，我們下午可回家休息晚上再來。」洛娃接著說。

素桑邊走邊想這次帶馬雅來就是希望她能夠得到療癒，看來這個旅程已經啓動了。

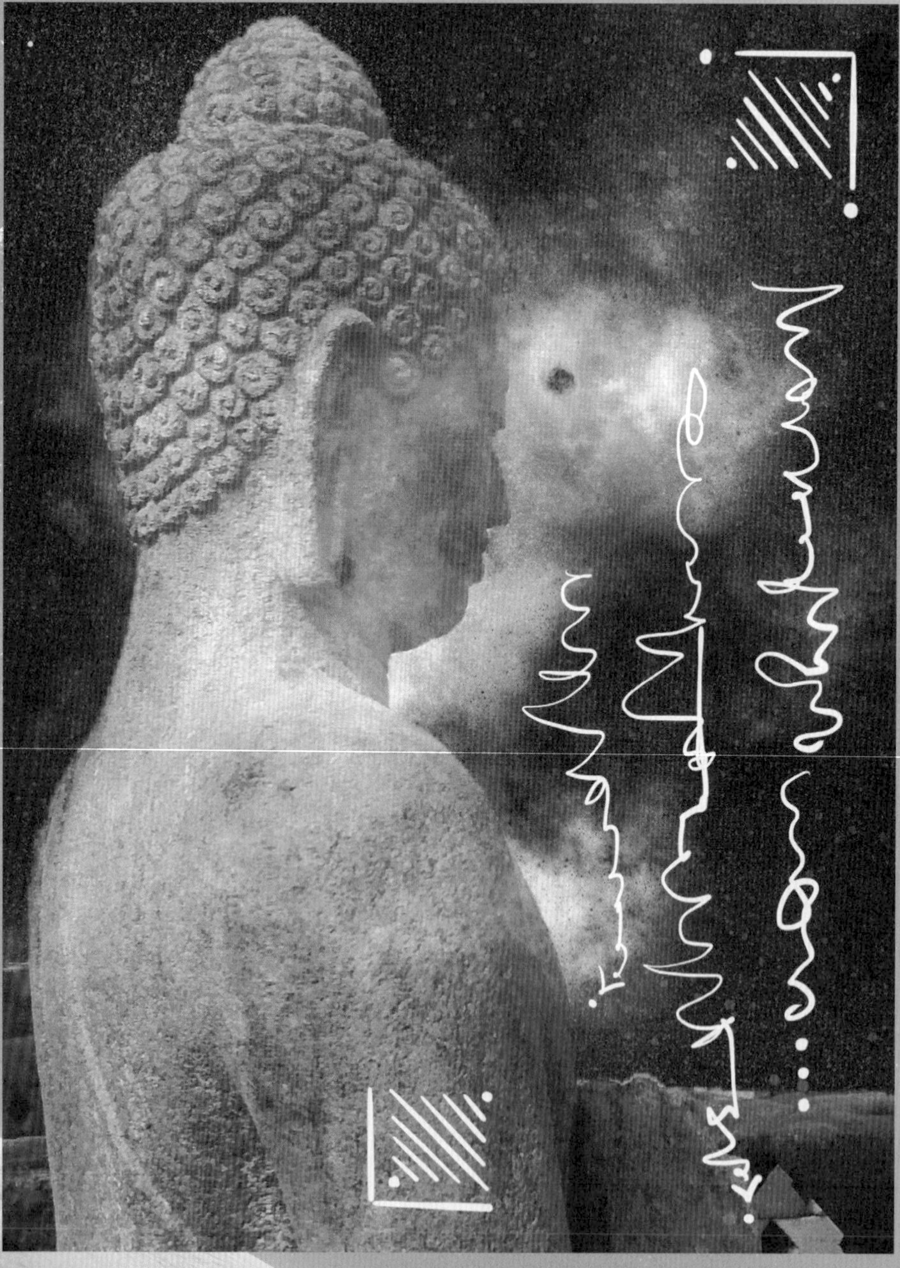

2

婆羅浮屠與香巴拉（Shambhala）

……以前在中國旅行的時候，還聽到有一位覺囊派女上師在四川附近，當時還想前往認識，可是後來總覺得有些不妥，就不了了之。當然有香巴拉之稱的雲南迪慶我是不會放過的，感覺是美則美矣，但只是人間的美，舉凡大自然總會有一種讓人心胸廣闊的體驗，但一個有濃重靈性能量的地方會散發一種張力讓人凝固，所以對於迪慶是傳說中的香巴拉，我抱懷疑的態度……

洛娃與素桑昨天突然想到婆羅浮屠的其中一個原因是，她們看了一則關於夏康祖仁波切（Shar Khentrul Rinpoche）對婆羅浮屠塔的感覺，訊息寫道：「仁波切去年曾經到過婆羅浮屠塔，覺得這就是達尼雅卡達卡城（Sri Dhanyakataka）大佛塔的所在地，關於達尼雅卡達卡城，以往一直有兩個說法：一說是在南印度，一說就是在印尼。」仁波切到過之後，認爲婆羅浮屠塔絕大可能就是本師釋迦牟尼佛應香巴拉月賢王之請，傳授時輪金剛及所有密續的地方，而仁波切也確實在婆羅浮屠舉行過時輪金剛灌頂，以及前行的傳法和講法。

素桑認為，這個故事應先了解一些關鍵性人物和名稱，而洛娃就是最好的資料庫，因為她對佛經故事、修行方法都是倒背如流的。

洛娃有條不紊地說：「一，佛陀若在現今世代，除非真的隱居在什麼深山、亞馬遜森林，不然應該無人不識。很多人可能不一定認識那些佛經，但佛陀的名字一定有所聞。釋迦牟尼佛（Sākyamuni，意為「釋迦族之聖者」）原名喬達摩．悉達多（Siddhārtha Gautama，公元前五六六年至公元前四八六年），是佛教的創始人。『佛』即覺者，意謂已脫離三界六道輪迴的圓滿智者。二，時輪金剛是藏傳佛教的一個修行方法，而時輪金剛咒也稱為咒語之王。時輪金剛原為梵文，由兩個詞彙組成：kala 是『時』，而 chakra 是『輪』的意思。表面翻譯為時間之輪。當超越其名字的表象，時輪包含了我們生命實相本質的精粹。

「概括來說時輪代表我們所有經驗的總和，用於實相本身和所有關於這實相所彰顯的無盡可能性。當我們能悟出時輪金剛的本質，我們便能了悟萬物的本質。這代表無論我們說的是任何一個層次的經驗，它也已包含在時輪金剛的概念裡。時輪金剛的三個主要實相包括：外在實相、內在實相、證悟的實相。每一個層次代表所經驗實相的不同層面。這代表時輪金剛的意義會因應不同範疇的使用而改變。三，相傳時輪金剛教法來自於釋迦牟尼佛，他於公元前五三三年四、五月的清晨時分，在印度菩提伽耶（Bodhgaya）的菩提樹下，證得大圓滿。其後，佛陀在鹿野苑（Sarnath）初轉法輪爲五比丘宣說了四聖諦、八正道，然後於靈鷲山二轉法輪講授大乘法門、說般若經等一切法空法輪。他也同時以報身佛（佛有法身、報身、應身）出現在達尼雅卡達卡城的大佛塔，教授時輪金剛法。而今夏康祖仁波切認爲婆羅浮屠佛塔可能就是佛陀在三摩地（禪定，Samadhi）中以時輪金剛傳授時輪金剛法的地方，當時月賢王（香巴拉國王）和很多菩薩、天人或高證量眾生也一起得到教法，然後月賢王把時輪金剛法在香巴拉發揚光大。所以時輪金剛法和這個無憂無慮傳說中近似天堂的地方香巴拉有莫大關連。

「關於夏康祖仁波切，他是澳洲覺囊派時輪金剛西藏佛教聯合教派學院的創建人，根據資料，他曾輾轉學習於藏傳佛教五大教派的十一所寺院，跟隨過二十五位老師，精通各派精粹教法，獲『利美』（RIME）大師之銜，於上世紀九〇年代末被舉薦爲藏哇寺堪布。利美精神是以尊重各派並不分宗派圓融共進爲目的。近年他在全世界致力傳授時輪金剛法。」

「我一直對時輪金剛有很大的感覺，以前在中國旅行的時候，還聽到有一位覺囊派女上師在四川附近，當時還想前往認識，可是後來總覺得有些不妥，就不了了之。當然有香巴拉之稱的雲南迪慶我是不會放過的，感覺是美則美矣，但只是人間的美，舉凡大自然總會有一種讓人心胸廣闊的體驗，但一個有濃重靈性能量的地方會散發一種張力讓人凝固，所以對於迪慶是傳說中的香巴拉，我抱懷疑的態度。」素桑對洛娃說出多年前到迪慶的感覺。

洛娃接著說：「在傳統西藏有六大教派：

一，寧瑪

二，薩迦

三，噶舉

四，覺囊

五，格魯

六，苯教

「覺囊派和苯教是較少為西藏以外的人認識，苯教是西藏原始的薩滿信仰演變而成的，他們崇拜一切大自然的神靈和鬼魂，後來因為受到打壓，逐漸加入佛教思想，而有一些苯教的儀式也加入在藏傳佛教裡，例如：跳神、問卜。

「覺囊派於十二世紀時，由該派始祖裕莫．吉米多吉創立，而讓覺囊派聲名大噪的是篤補巴．喜饒堅贊（Dopolpa，一二九二～一三六一年），他學習過薩迦派的法統，三十一歲時接觸了覺囊派後改變宗派，專研覺囊派，後來建立了代表覺囊派根本教義的『中觀他空見』的理論體系，並傳播覺囊派中他空見思想（後稱 Zhentong Madhyamaka）之先河，被尊稱為法王覺囊巴。另一個使覺囊派再度興旺的人就是多羅那他（Taranata，一五七五～一六三四年），自他圓寂後，格魯派領袖第五世達賴阿旺洛桑嘉措運用其權勢，迫使覺囊派寺院改宗。經書被封，珍貴的時輪金剛壇城被運往布達拉宮，僧侶被迫遷移到四川阿壩州壤塘縣，所以現在大部分覺囊派寺廟分佈在阿壩地區和青海果洛地區。從那時候開始，覺囊派一直沉寂，至九〇年代才再一次顯露在人前。然而，他們是從一而終守護覺囊派時輪金剛傳承和他空見思想的教派，亦是唯一持有完成時輪金剛法的法統，以即生達到圓滿究竟之路。

「我覺得這些都是十分重要的資料，我們需要知道關於佛陀、時輪金剛和香巴拉在這個維度的一些訊息，不然很難弄懂，因爲佛教的系統非常龐大，而且每一個部分是針對不同的使用群，不明所以的人要解釋它可能會用上很長時間。

「但最有趣的是關於時輪金剛密法傳授，其實也不是在這個維度進行，佛陀是在三摩地中所傳授的，眾生也非在這個維度接受，這代表眞正的達尼雅卡達卡城佛塔在三維世界的眼裡，看不到佛陀在傳法或眾生在接受，這一切都是在另一個維度進行。這些你們都可以在不同的佛經或書中找到資料。（《進入香巴拉之門——時輪金剛與覺囊傳承》，橡樹林出版）。」

其實當素桑看到那一則關於時輪金剛壇城訊息的時候，她有一陣暈眩的感覺，她躺在

默拉皮火山

地上突然看到婆羅浮屠佛塔整個升起在轉，它沒有消失，只是不停在轉，連帶素桑感到身體內部、頭、整個人跟佛塔連成一體在轉，她躺在那裡不知過了多久，醒來的時候，頭裡還是有那種暈眩感，久久不能平復。素桑跟洛娃說了這件事。

「婆羅浮屠在召喚你呢！」洛娃說。

「是的，我也感到有一種能量在催促我前往。其實每一次想起也是同樣看到這一幕，而整個頭裡面也跟著在轉。就是現在跟你說的時候，這種感覺仍然存在。」素桑點頭。

所以素桑和洛娃決定前往婆羅浮屠佛塔看個究竟。

現在夜幕下的婆羅浮屠佛塔就在她們面前，暈眩的感覺沒有了，代之而起的是一種神祕感。尤其是圓月當空，還有剛才大家所放的天燈，一下子整個天空都佈滿了淡黃的天燈，把心裡的願望高高的放到天上。晚上潮濕有霧，素桑面朝東方坐著，洛娃坐在西方，她們都習慣憑著感覺而坐。由於今天晚上是衛塞節所以佛塔是開放的，剛才的人潮已經逐漸散去。馬雅和秋丘跟素桑所坐的地方相隔不遠，同樣能看到遠處的默拉皮火山。但在夜裡是看不到山的，只憑著默拉皮火山噴出的渺渺白煙，隱約看見它遠遠的山影。

素桑坐著看天看山，然後閉目養神，靜靜感受月圓的能量。從靜中看到天空四方的顏色開始改變，由黑變藍，藍變紫，紫變紅，一層一層的顏色，原本漆黑的天空驟然變調，感覺自己的身體在上升，到達塔頂，塔頂內有一個「萬」字圖案，應該說是很多個萬字圖案一層一層的攤開，遠處看到一隻渾身金色的大鳥飛來，上面坐著一個人，捨秋丘其誰？而馬雅也在鳥背上！大鳥在素桑身邊減速，秋丘叫她跳上去並抓緊卡卡鳥，素桑一躍而上，只感到卡卡鳥往天上飛，到了半空停住，然後向著萬字圖案俯衝。素桑和馬雅抓住卡卡鳥，由於速度太快，她們的身體往前傾，像快要掉下來，素桑心一凜，眼看快要撞到石佛塔頂，但卻沒有頭破血流，反而進入了一片湛藍的光裡。這裡四周無比的寂靜，素桑看到同樣的佛塔上有一個人趺伽而坐沒有上衣，整個人被一種祥和的光芒圍繞著，這種光好像從他頭頂發出，然後一層一層把整個人包圍著。他閉目而坐，在他周圍坐著很多很多人或類人形的生物，他們的衣著有點像古印度人，有些只是圍了一塊布，有些是透明的，要仔細看才見到他的陰影，又有一些超前衛穿著像太空人的衣服。坐在石塔上的那個人沒有開口，但素桑的腦海很清晰的聽到一字一句：「我邀請了卡瑪拉星以時間之輪來為我們傳授『一切合一』之法。」然後，從座中有一個端莊秀麗的女子站起來，當她合十鞠躬的時候，素桑看到她的背後有一個男性的模樣，意思是她的前面是女生相，後面是男生相，更清楚的解釋應該是兩個人背對背的站立，兩面是一陰一陽。如果說他們以文字傳話，倒不如說他們好像以舞蹈展現出來。他們時而合體時而分開。跳動的時候漫天星宿像跟上拍子一樣，忽明忽暗，停下來的時候一切靜止，若天地未分。

「時間是三維世界的特有產品，在我們的星球是沒有的，當你們來到這個卡馬拉星壇城時，你們也是在『入定中』，所以也是沒有時間的。思維＝念頭＝時間。不同的宇宙的三維世界有不同的時間觀，所有的年月日計算都不一樣，地球人認為時間是線性，但時間是過去、現在、未來同時發生在一個點上，以一個螺旋模式遞進的。在這一刻包括過去、現在、未來，在上一刻也如此，在下一刻也如此，但如果它只是在一個點，沒有螺旋模式遞進，那麼一切就只會相同地發生，若有螺旋模式遞進，那麼一切會按生命方式的前進或後退而改變。沒有人可以改變時間軸，因爲它是應思維、能量編排和空間所影響共振而生的，但當能看清時間並不存在的瞬間，一切就會像冰山融雪般瓦解。要看清時間就必須要有自由意識（I am Free），只有這樣，你才會重歸回沒有被捆綁的狀態。合一就是一切還在原能量的狀態，本源的狀態，當我們能跟本源能量合一，就是一種最龐大、最包容的力量。這是創建宇宙的力量，人、星人在這面前眞的細如微塵。」在舞動的星人傳達出來訊息。

在這漆黑的夜空中看到這兩個合二爲一的人，用身體語言說出了時間的祕密，它們最後擁抱，然後回到最初的背對合一狀態，合十。一切歸於空，整個畫面就像一下子消失，回復到漆黑的星空。素桑在想這是否爲佛陀開示時輪金剛法的一刻？但在這裡開示的是卡馬拉星的星人，她是否回到相同的時空或這是平衡宇宙？究竟這是什麼地方？哪個時空？

卡卡鳥繼續在天空飛翔，素桑不知道牠要飛到哪裡，但感覺在卡卡鳥的周圍有一個透明罩保持裡面空氣的氧氣濃度。

「你是一隻太空船嗎？」素桑問。

當素桑發問的時候，卡卡鳥變回一架太空船，船內的系統說：「我們是亞斯偉以格多星人，是在地球人口中第七維度的一個星球，跟撒莫悉麗巴拉是姊妹星，就是你們所說的香巴拉。秋丘是我們的公主，她來地球的目的是救助在危難中的人。」

「那你是一隻鳥還是太空船？」素桑對此很有興趣。

「原本的卡卡鳥確實是神獸，現在我們是機械鳥飛船。」飛行系統說。

這些資訊讓素桑對香巴拉、秋丘和卡卡鳥產生莫大的興趣。記得很多年前，她曾經看過一部關於香巴拉的電影，那裡四季如春，風光明媚，沒有生病、衰老和死亡，正正就是世外桃源的寫照，他們也有各種靈性學習，只是沒有特別跟時輪金剛扯上關係。可是素桑怎樣也記不起那部電影的名字。

她只覺得漫天黑暗，在這裡完全沒有時間和空間，如果不是卡卡鳥在飛，她根本不知道有前後上下的分別。面前有很多大大小小的光點像星球，或許牠只是作飛的樣子而沒有眞正移動過的。

飛船向星球飛去，素桑一下子感覺向前俯衝，前面不知是光還是霧，衝開雲霧，終於看到前面的星球。這個星球一邊有連綿不斷的雪山，另一面海洋的顏色像彩虹，地面上有很大的植物，飛船一躍而過，素桑根本看不到什麼，只知這是一個很美麗的國土，很多顏色讓人感覺很溫暖、很開心。當中有一些建築物，若不仔細看，它們跟大自然融和在一起，就像隱藏在大自然的保護色中。她們向一朵很大的太陽花飛進去，原來這是它們停泊飛船的基地，那麼剛才所見的大植物可能也不一定是植物。素桑在心裡琢磨。

素桑跟著馬雅和秋丘下了飛船，迎面來了幾個身形很高瘦，面如滿月，全身的皮膚披了一層閃亮金色的人形星人，他們見了秋丘立即左手握拳放在右肩，微彎腰敬禮，「歡迎秋丘勒雅公主來到撒莫悉麗巴拉星！」他們在說星語，但素桑不知道爲何又好像明白他們所說之話。原來秋丘的全名是秋丘勒雅公主。

接著他們來到素桑跟前說：「老朋友你好。我是賽尼，記得嗎？」

「你好，我們以前見過嗎？」素桑滿臉驚訝的問。

「我們當然見過，我們先把你帶到你以前的房間休息，待會再幫你恢復記憶。」賽尼說。

素桑心想上次汐卡在獅身人面像通過隧道抵達漠依（Moyi）十一次元三七六恆星的飛船上，在那裡星人菲麗讓隱藏在汐卡松果體內所有關於她如何流落地球的訊息激活，才讓汐卡看到那一段她不知道的記憶（詳見在《我們都是星族人0》一書）。其實經過了前幾個月與不同星族和銀河聯盟所收到的資訊，汐卡、艾璣、洛娃和素桑這四個星族姊妹對生命、任務、快樂、證悟都有了全新的理解。應該說她們現在是切實地接受當下所呈獻的沉默、喜悅、工作與享樂，沒有再爲要留在地球而苦惱，沒有再想何時能走，一切一切曾經苦煞思量的問題，現在變得無足輕重。學會了愛每一個當下和創造快樂的生命……素桑跟著星人賽尼邊走邊想。瑪雅對周圍的環境和星人很有興趣，就像看電影一樣。當然也有一種疑幻疑眞的感覺，孰眞孰假，如何能說！

賽尼帶素桑走過迴廊，看到外面的景色，沿途的風景眞的讓人彷如置身於世外桃源。天是那麼的藍，沒有一絲雲彩，空氣帶著鮮花的甜味、草青味和很多松樹、尤加利樹的味道。遠處山巒起伏，山頂白雪皚皚，轉一個彎看到彩色的海水，每一步所看到的景色、呼吸的空氣，都讓人感到輕鬆愉快，就是那麼完美！

「前面就是你的房間，我仍然把它保持在你離開時的模樣。」賽尼轉身說。

「我跟你很熟嗎？你爲什麼給我的感覺就像是認識很多年的好朋友，但我卻認不出來？」素桑忍耐不住問。

「是的，老朋友，你總有一天會記起我的。我們從小就認識，一起學習，去過很多地方，還在星子總部待過。好了，你先休息一下，等一會再跟你聊。」賽尼興高采烈的說。

「面前是一棵樹屋！不是一間樹屋，整棵樹就是我的房子。」素桑心中在嘀咕。這棵樹看起來挺大的，但人住在裡面就不知道該怎樣，樹好像知道素桑要來，自己打開門讓她和瑪雅入內。

素桑踏進去是另外一個世界。裡面很大，有一個大廳，外面是一望無際的竹林，這片竹林就像以前曾經在日本見過的，那一種洗滌心靈的綠色，讓人不能忘懷，如今在這裡竟然在房間外面就有這樣一片竹林，實在讓素桑感到驚喜異常，但素桑總是覺得有點不對勁。瑪雅像小孩一樣走進每一個房間，興高采烈的說每一個房間外面的景色都不一樣，而且漂亮得像一幅油畫。

素桑坐在竹林裡閉眼定神，突然間心裡面感到這一切完全是一個幻象，從踏進這個星球所見到的影像都是她心底喜歡的，無論是顏色、空氣中的味道、白雪的山頂、彩色的海洋，特別是這個竹林，完全是她心裡面的反映。她一時之間明白了，這個地方之所以叫做世外桃源，是因爲所有一切都是那個人心目中的最愛，千百人來就有千百種影像，而且還可以境隨心轉，只有能安於心中沉默，這些影像才消失無蹤。

當素桑再睜開眼睛的時候她看到賽尼，周遭已經不是竹林而是一間寬大的白色房間，卻沒有見到瑪雅。

「很好，你只用了那麼短的時間就窺破了箇中祕密，你明白了所謂的世外桃源就是你心中所想，並當下創造出來的幻象，這個幻象源於你，只有當你看破了才可以跳出那個枷鎖/捆綁。現在你看到的才是眞正的撒莫悉麗巴拉星。我們是訓練卡布拉加（Kabulaka）的星人。卡布拉加是經過特別訓練的宇宙星子，經過訓練後他們可以派往不同的星球執行任務。這樣可以幫助正在揚升的星球過渡或療癒受傷的星球，像地球等，也同時可以教導星族如何提升並保護自己的能量牆不被帶有不正念的星人入侵。」賽尼說。

「那瑪雅還是在那個幻象裡，對嗎？我怎麼知道這裡不是幻象呢？我以前眞的在這裡住過嗎？你的意思是說地球會被入侵？」一剎那間素桑吐出所有問題來。

3

西藏第一所多瑪學院

西藏的地下還埋藏了建築遺跡，當年多瑪學院選址，在那裡也建立了星門跟其他星族連接，但由於經過兩百萬年的衝擊，青藏高原和歐亞板塊的撞擊，很多遺跡已經被板塊移動地震而摧毀。但如果你是一個對能量敏感的人，你會察覺西藏的天、地、水都有著不同於你們地球其他地方的能量。它的地下有一個很複雜的能量圖，是當年的老師共同建立的，既能保護這個地方，也能保護祂們所埋藏給以後人類所需要的智慧，在適當的時候這些能量會再度釋放，讓多瑪學院重現，讓地球的靈性學習再次復甦。

「你的問題要你自己解答。」賽尼說。

「那爲什麼要給來的人這些幻象？」素桑問。

「這是一個小測驗，看來的人到達哪個程度，我們再給他們需要的方法。能夠看清幻象的就可以進入下一個階段。」賽尼回答。

「下一個階段是什麼？」素桑迫不及待的問。

「你先別著急，等你的姊妹來到再說。」賽尼說的時候素桑還來不及發問，門就打開了。

一看是洛娃，素桑可高興極了，洛娃進來跟賽尼行禮，素桑有點驚訝：「你們認識？」

「洛娃是我們派到地球的聯絡人，她會把適合的人帶回來。」賽尼慢慢說。

「洛娃，你一直都知道你是聯絡人嗎？」素桑問。

「也不是，我也是不久前才知道，只是我發覺我一直做的事情都是跟這個不謀而合，而且我們也不能告訴別人，必須讓當事人自己找到答案。」洛娃說。

素桑反覆思量，發現從她告訴洛娃有關於婆羅浮屠開始，洛娃就一直把她引領來到這裡。

「現在讓我給你解釋這一切。」賽尼說。

賽尼一揚手，白色房間換上的是偌大的星空，可以看到有些地方有密密麻麻的星雲，有些是很分散的，有些亮一點有些暗一點，有些星球散發不同顏色的光，當然她們沒有看得很近，素桑心想，應該多看一些星體學的書，現在站在這裡什麼都不懂，除了欣賞它們外，其他的一竅不通。

「看看周圍，你們現在置身在佛系宇宙中，就是說這個宇宙內的星球都是循照佛的宇宙觀而形成的。我們所說的佛，並不是你們地球上的佛陀，而是他的根源，是他過往百千萬億世之前曾經是高維度生物，是星人，曾經於不同宇宙維度的時候，經過不斷進化而達至的『明淨』。卡布拉加是經過特別訓練的宇宙星子，而撒莫悉麗巴拉星就是他們接受訓練和考驗的地方，而你也曾經是這裡的卡布拉加。」說到這裡他示意素桑看著前面的三維影像，這些影像是從素桑自己的第三眼位置透射出來的。

她看到一個面容異於現在的素桑，那人就像一個男性的自己，他在這裡生活、上課，這裡好像是一所學校，但裡面是按照每個人的天賦和興趣學習的，學習如何移動物件、如何讀心、如何瞬間移動消失、如何改變身體分子可以穿牆過壁、隱形，如何看穿幻象、如何尋找心，也學習如何死亡、如何屍解，然後她看到賽尼，他跟現時是同一個樣子的，跟素桑是很好的朋友，從小在另一個星球居住，後來一起來到了這裡學習。這裡是他們第二個家，他們亦去過其他星球的學院深造。

她看到學院的名字是多瑪學院！後來，她選擇跟隨銀河聯盟到地球建築金字塔，和留在那裡做地球的聯絡人，並等待時機重建多瑪學院，而賽尼就選擇留在撒莫悉麗巴拉星。過了不知多久他們終於又見面了。

突然間素桑對賽尼的感覺完全改變，一剎那間那種親切、兄弟般的感覺回來了。「爲何你當初沒有跟我一起到地球？」素桑問。

「因爲學院會按我們的生命藍圖來推斷每一個人適合做的工作，哪一項最能發揮我們的所長。我比較適合留在這裡幫忙管理學院。」賽尼說。

「那很好呀！不用像我，把所有都忘得乾乾淨淨！你看我感覺自己好像一個初來學習的學生。」素桑有點氣餒說。

「你不用擔心，每一個去過地球的學生回來都是這樣的，我們會幫助你們恢復記憶。」賽尼解釋。

「那我們回地球之後還會記得這裡的一切嗎？」素桑問。

「會的，你們會記得的，因爲下一部分的工作需要你們，必須有這些記憶才能完成，但你們不可以向普通地球人提起你們的身分。」賽尼繼續說。

「我明白了，這些恢復記憶的後來都會變得比較低調，有些甚至消失於人群中或獨自在山裡過活，那現在在地球上有多少個這樣的星人？」素桑若有所悟的說。

「現在大概有幾萬人，分散在地球不同的地方，有很多還沒有完全恢復記憶，所以你們這一次的任務就是成立多瑪學院，幫助他們恢復這一部分的記憶，連結他們。」賽尼解釋說。

「你剛才說他們的佛並不是地球上的佛陀，而是他的根源，是他過往百千萬億世之前曾經是高維度生物，是星人，曾經於不同宇宙維度，經過不斷進化而達至的明淨，但這個源頭不是沒有名相，本來如是的嗎？爲何他也要經過不斷進化？」素桑一臉不解。

「對。源頭已是一切存在與不存在的，無始無終，沒有更多更少，進步退步，但當這個能量以有名相的生命形式出現，不管是星族人或地球人，就會出現這種進化的情況。當然，最後當這個生物能跟源頭以所有層次完全合一時，就是本來如是，無始無終。」賽尼繼續說。

素桑還在沉思賽尼說的話，好像還對什麼有疑問，但一時間又沒有抓住。

「上一次在飛船，他們還跟我們提及宇宙之書，那又是什麼？要如何找？」素桑問。

「那就是能幫助你們恢復記憶和能力之書，裡面就是各種方法的記錄，有一些在地球流傳的時候成了地球宗教的經文或修煉法門。」賽尼很有耐心的跟素桑說。

「宇宙之書不是說宇宙的祕密的嗎？」素桑問。

「宇宙的祕密不就是在你們身上嗎？你們先拆解了自己的祕密，自然能找到宇宙的祕密。」賽尼調皮的說。

「對的，不久之前我們還在婆羅浮屠佛塔的另一個維度看到卡瑪拉星以時間之輪傳授『一切合一』之法，這是否就是佛陀應月賢王所傳的時輪金剛法？根據典籍這個法後來是在香巴拉發揚光大的，那是否在這裡？」素桑興致勃勃的問。

「是的，這個法後來是收藏在這裡，因爲多瑪學院會收集全宇宙、所有宇宙的法門，並在不同的星球訓練卡布拉加。對於佛系宇宙，我想你們需要再了解多一點。」賽尼說。

「我們應該不在太陽系，對嗎？」素桑環視漫天星宿然後問。

「我們不在太陽系，甚至不在你們的宇宙，我們是在於『明淨』時，跟宇宙本源能量合而爲一後的每一個當下創造出來的，但這個創造並不是地球所說的創造，它是從『佛』的意識，通過精微與宇宙能量的結合而成。因爲這個宇宙蘊含『佛』的能量頻率，一切只會應這種頻率而生。

「第一，地球人認識的佛陀也異於宇宙的老師，他所說的並不是一些構想的理論而是確實的宇宙，裡面有不同的星球代表著佛系裡面不同層次和維度。當然在無數的宇宙裡有著不同的宇宙觀，有些是單純佛系，有些是以道爲系統，有些是以神，有些以精靈，有些什麼也沒有，也有以魔爲系統，也有一些星球可容納各種系統如地球，我們不能評論哪一個比較好，只能說哪一個比較適合。當然正邪之爭非始於今天，何謂正、何謂邪也沒有定案，那是人心、星人心、道心、佛心、愛所感受的。

「在地球裡，佛系的宇宙分成三界二十八天，三界是欲界、色界、無色界，二十八天裡面包括：

欲界有六天：

⑴ 四天王天　⑵ 忉利天　⑶ 夜摩天　⑷ 兜率天　⑸ 化樂天　⑹ 他化自在天

色界共有十八天：

〈初禪三天〉

⑺ 梵眾天　⑻ 梵輔天　⑼ 大梵天

〈二禪三天〉

⑽ 少光天　⑾ 無量光天　⑿ 光音天

〈三禪三天〉

⒀ 少淨天　⒁ 無量淨天　⒂ 遍淨天

〈四禪九天〉

⒃ 福生天　⒄ 福愛天　⒅ 廣果天

⒆ 無想天　⒇ 無煩天　(21) 無熱天

(22) 善現天　(23) 善見天　(24) 色究竟天

無色界有四天：
⑵⑸空無邊處天　⑵⑹識無邊處天　⑵⑺無所有處天　⑵⑻非想非非想處天。

「『三界』就是維度，『天』就是星球，如果你用這一個角度來看整個佛系宇宙會是如何的一個光景？在這個系統裡，每一個也是確實可以到達的星球。

「其實星際佛系比地球佛系包含更多是因為以星族為對象，大家的起跳點有些不同，最不同的是，在地球的佛系，你們有很多經文，這些都是對經驗本身的描述或所看到不同『境』的解釋，心的解釋，思維的解釋，靜念，夢境，自性，中道——宇宙之道……等，也要向當時的地球人解釋什麼是宇宙，如何運行。至於咒文就是讓你們感受經驗的。

「由於地球人的心仍然處於亂蹦亂跳的狀態，所以當時要教授你們的是如何能修心，沉靜之法。有一些咒文可以幫助修行者達到這個目的。至於佛系中最與星族連接的就是藏傳佛教，它的起跳點就是已經明白了生命的本質以及對廣闊的宇宙有一定的了解。當然星族的佛系也有不同等級，有些比地球還要落後很多的星球。」賽尼慢慢解釋。

「為何你說佛系中最與星族連接的就是藏傳佛教？」素桑迫不及待的問。

「因爲把佛教這個體系引進到西藏的就是一個星族人！」賽尼輕描淡寫的說。

素桑一聽心裡面發毛，賽尼說的是蓮花生大士，她十分敬仰的上師，雖然她現世並不是藏人，也不是藏傳佛教的學生，但有些老師是超越了宗教層面的，一個可以把地球人通過教導而超脫三維世界、六道輪迴枷鎖的就是一位老師。素桑肯定在過去世一定曾經是藏人，而且不止一次。記得當她第一次去西藏的時候，穿著藏族傳統服裝，街上的藏人都會跟她說藏語，她感到無比親切，另外也對他們的天地有一種近乎敬拜的喜愛。素桑亦曾在西藏找回一部分前世的記憶。

當素桑在西藏的時候，前生的事往往會一幕一幕湧現。她去過西藏好幾次，岡仁波齊峰也去了兩次，轉山轉湖，還去過蓮師閉關的山洞，她記得那洞內有一種淹蓋人的沉默，不期然身體就會墮進一個沒有時空的黑洞，身體思維不復存在，「我」不復存在，一個完全被一種力量吸進去的感覺，從山洞裡出來後也是久久不能平復，但卻從來沒有想過蓮花生大士也會和星族扯上關係，應該說是想也不敢想，因爲在很多教徒的思維裡，這是不敬的事情，雖然素桑不是教徒但也無意冒犯。儘管曾經看過一些關於蓮師的資料（《釋迦

岡仁波齊峰

妥覺察爾授記經》）：佛涅槃後八年，地名陀曩俱舍（又名達那郭夏 Danakosha）海中化生一佛，名貝瑪炯列（意即蓮花生處），一切密乘「由彼擔荷」。蓮師出生在印度之西北面，稱爲鄔金的一個地方，即現在的斯瓦特谷，是阿富汗與巴基斯坦接壤處。

《中樞林經》中記載釋尊涅槃前說：「從此八年以後，在那郭夏海裡，自然開放的蓮花蕊裡，會誕生蓮花生大士，這是密宗之主。」據書中所顯示的出生形式：屬「化生」並非「胎生」。根據《密續》記載，目擊者見到八歲孩童相狀的蓮師在一朵海中蓮花中出生，蓮花的體積剛好可以用雙手環抱著，蓮花放出五色虹光，孩童相貌美好，蘊含光彩。具三十二相，八十種隨形好（即「圓滿」相狀）。右手持金剛杵，左手持蓮花，以跏趺姿勢端坐蓮花之上。」（資料出自敦珠法王二世之《西藏古代佛教史》）

從以上的佛典上說得很清楚，蓮師本來就不是地球人，是化生的，其實什麼是化生？素桑曾查看了一些解釋，據《俱舍論》卷八記載：（一）卵，是由卵殼出生，如雞、鵝、魚、蛇等。（二）胎生，是由母胎出生者，如人、牛、馬、象、豬、羊等。（三）濕生，即由因緣生，寒熱和合生即糞便，腐肉，穢廁，叢草是由潤濕地之濕氣所生，如飛蛾、蚊子、小蟲等。而化生就是因過去之業力而生，如諸天、地獄中之有情眾生。現在賽尼這麼一說就完全撩起了素桑的好奇心。

「願聞其詳！」素桑合十表示敬意。

「要說蓮師，我們先說西藏！西藏在兩百萬年前是現今歐洲的一部分，有山有海，風景壯麗，地下資源充足，各種礦石金屬尤多，如果今天的人覺得西藏很美，那麼兩百萬年前的西藏就是世外桃源，人間樂土。當然現今的人類學家認爲那個時候的地球是沒有生物的，但其實當時有很多星族人和地球人一起在那裡居住，那些星族人擁有很高的科技，比現在的地球人還要先進多了，西藏並不是不毛之地，相反它是靈性中心，那是一個十分富庶繁盛的地方，有些建築物在地面，也有些是建在半空或地底，不同宇宙的星族人和人類也會留在那裡，地球第一所的多瑪學院就是在那裡成立的，所以這個宇宙裡不同的星族人會來學習，其他宇宙的星族人也會來交流。」賽尼開始和她們談西藏的時候，周圍的環境開始改變，從星空變成廣闊的平原，巍巍雪山，萬里無雲的晴天，冰清湖泊，那種只有高原才有的藍色湖水，素桑雖然呼吸不到那種冰冷冷的空氣，但知道這就是西藏。然而，這個西藏跟今天的有很大分別：天上很多飛船，地上是懸浮汽車，還有各式的星族人，尖頭高耳全身呈淡綠色的、蜥蜴頭鱗身的、鳥頭飛翼人，人頭蛇身、全身半透明藍色、沒有眼睛但有觸鬚，天上還有很多人形非人形的生物來來往往，有些很大像天使，有些渾身發光，很多頭上都有光環，她從沒見過這麼熱鬧的西藏。

還有很多奇形怪狀的建築物，斜的、直的、波浪形、捲起來的，在半空、在地底、在地上，它們也有金字塔！而且不止一個，其中一個比現在埃及的還要大很多。

賽尼示意素桑仔細看，原來這就是岡仁波齊峰，旁邊的瑪旁雍錯比現在的看起來大很多，素桑曾用四天繞湖一圈，面前這個看起來最少也要用一個月時間，如果用飛船當然可以快很多。岡仁波齊峰下面是一個久聞的金字塔，今天素桑親眼目睹，確實驚艷！這個不像埃及用大石頭砌成的金字塔，它的表面是光滑的，好像這座山天然就是四面光滑的，山的尖頂是白色的，剛看以為是雪，細看原來是一個入口，打開的時候可以停放飛船。岡仁波齊峰金字塔中間有一個圖形，四面都是圓圈，中間有三層圓圈一隻眼，不知道那代表什麼，隱約覺得是一種很古老的能量，好像是藏了很多不能外傳的祕密。當素桑想再看的時候，賽尼又繼續說別的。畫面又轉了。

事後素桑想這可能是一隻載滿祕密經典的母艦，整座山是能飛揚起來的……當時很多高意識的老師會來教導，譬如土特大師（Thoth）、佛陀、蓮花生大士、梅塔特隆（Metatron）、浮黎元始天尊、耶穌，七位大天使：烏列爾（Uriel）、拉斐爾（Raphael）、拉古爾（Raguel）、邁克爾（Michael）、撒拉姬爾（Sarakiel）、加布里埃爾（Gabriel）和雷米爾（Remiel），馬利亞瑪麗抹大拉（Mary Madalene）、塔達（Dagda）、碧裡潔（Bridgit）、宙斯（Zeus）、愛馬仕（Hermes Trismegistus）、洛諾（Lono）、奧丁（Odin）、寧荷莎（Ninhursag）、安基（Enki）、馬杜克（Marduk）、二十一位度母、舍吉拿（Shekinah）、觀音、濕婆（Shiva）、帕爾瓦蒂（Parvati）、毘濕奴（Vishnu）、梵天（Brahma）、克里希納（Krishna）、拉達（Radha），還有很多說不出名字的……等等。

「這是地球第一次的眞正靈性交流，各位老師教授不同的方法，對宇宙星空的天文學，關於宇宙的形成，宇宙的道、人、星人跟宇宙的關係，震頻音聲的音律學，這還包括使用震頻移動物件、建築、調理身體跟宇宙共振……醫學包括細胞修復、DNA激活、長生不老、脫離六道，甚至沒有死亡。學習宇宙心，學習如何透過身體死亡提升層次……等，還有很多素桑不認識的教法。

「其實這些知識都一直有流傳下來，只是越來越隱蔽，有一段時間差不多完全埋於地下神祕組織中，變成小眾或特別被挑選出來的人才有機會接觸的神祕學、法術、密法，而這些老師都成了不能觸摸的神樣人物，其實就是老師，是每一個人類和星族人的老師。當人類越把祂們放得高高在上，就越不能和祂們接觸，越不能溝通，所以祂們在過往的幾十萬年都會選擇不同的時刻來地球和人類接觸，這樣人類就不會忘記祂們。

「西藏的地下還埋藏了建築遺跡，當年多瑪學院選址，在那裡也建立了星門跟其他星族連接，但由於經過兩百萬年的衝擊，青藏高原和歐亞板塊的撞擊，很多遺跡已經被板塊移動地震而摧毀。但如果你是一個對能量敏感的人，你會察覺西藏的天、地、水都有著不同於地球的能量。它的地下有一個很複雜的能量圖，是當年的老師共同建立的，既能保護這個地方，也能保護祂們所埋藏給以後人類所需要的智慧，在適當的時候這些能量會再度釋放，讓多瑪學院重現，讓地球的靈性學習再次復甦。」賽尼侃侃而談。

素桑聽得眉飛色舞，賽尼所說的每一句話她好像能即時看到，或應該說能感受到當時所發生的情形。這可能就印證了時間其實並不存在，不管那是十年、五百年、一百萬年，其實那只是一個數字，一個概念，所謂時間其實並不存在，但那種能量也是同樣的存在。

素桑曾經看過很多關於西藏地理和山脈形成的資料，在約兩百萬年前地球上的陸地是集中在一起的，印度和非洲是一整片的陸地，而西藏也是現今歐洲的一部分，在印度與西藏之間就有一個七百公里的海洋，後來這塊大陸開始破裂，印度從非洲分裂，向北漂流到西藏，大海漸漸消失。印度板塊漂走了七千公里來到現今的位置與西藏相撞，而這一相撞到今天仍在進行中。這造成了印度板塊仍在歐亞板塊之下向西藏俯衝……於是喜馬拉雅山下的斷層地帶，又因紓解應力而發生地震，這就是印度北部喜馬拉雅山脈地帶經常發生地震的原因。（《從失學少年到太空科學家——劉漢壽回憶錄》）

西藏是現今地球上最高的高原，平均海拔四千五百公尺，面積二百五十萬平方公里，有「世界屋脊」之稱，大部分在中國西部的西藏自治區和青海省，以及有一部分在印度查謨—克什米爾邦拉達克。青藏高原的周圍有許多山脈，其中南部的喜馬拉雅山脈中有許多有名的山峰，如世界最高的珠穆朗瑪峰，除了喜馬拉雅山脈，還有崑崙山脈、喀拉崑崙山脈、唐古拉山脈、橫斷山脈、岡底斯山脈、念清唐古拉山脈，還有很多冰川、高山湖泊和浮沙帶，亞洲很多河流也是源出於此。西藏之美是如此清淨、空靈，腦海的念頭無法駐足，人會很輕，內心常滿喜悅，沒有憂愁，很容易連結到很深很大的能量，或許這就是在擁有強烈靈性能量地方的反應。故此，西藏之所以特別並不是因爲那裡有藏傳佛教，而是因爲這本來就是一個十分神聖的地方，匯聚了很多星際能量，讓藏傳佛教在短短幾十年間在全世界有超過幾千萬的信徒，成爲地球的一股很大的宗教力量。儘管現在西藏本土的佛教形同虛設，留下的只有建築物，但他們嚴謹的傳承卻在世界各處發芽生長，上師們循著教法與他們星族的源頭能量連接，當然他們不一定對自己是星族人有興趣，但他們使用的方法卻能讓他們在死亡的當下過渡，回到與之銜接的星球。這些方法在埃及、藏傳佛教、薩滿教、基督教、靈知派、道教、卡巴拉都有出現過，當然除了藏傳佛教和卡巴拉，其他都已經失傳，或只剩下零星碎片的方法。

素桑覺得所謂的靈性能量的反應是因人而異的，有些人會感覺到被能量包圍，有些會不能思想，有些想睡覺，有些會不餓，有些會哭，有些會笑，有些會入定，但當中必定是有一個身體的轉變，這種能量反應，可能是從地方，也可能是從人身上得到，但這個能量能帶領，或是通過它可以連接更高層次的能量，或跟宇宙老師接觸，從而讓人改變藍圖。

「蓮花生大士也是當時的老師之一，源出於雅以嘉尼亞星系，是另外一個維度的星人，和佛陀一樣，經歷無數宇宙與維度的自身修行已經達到『明淨』。蓮師的星系科技極高已能進化到不死。這個星球是跟隨佛系的高量化星族，蓮師是他們的大老師，當時蓮師接受邀請來地球教授人們不死之科技，之後的兩百萬年，每隔一段時間就會來地球，發覺地球每況越下，地球人也越來越退步，在最近一次，蓮師知道將來會有很多星族人滯留在地球，所以把星系佛學傳入藏地以教授當時還在藏地的星族人，教他們如何歸家的方法，也在不同的地方埋下教典、能量球、法寶，讓以後的星族人類有機會學習這些科技和智慧。關於不死有兩個層面：一，是肉體死後可以轉化到別的星球或自己的原生星球；二，肉體不會滅亡，同時可以穿梭到別的星球與維度。肉體的不滅是代表它可以進化至能存在於三維世界，同時存在於別的維度。」賽尼說。

其實關於蓮花生大士的出生故事、成長種種，現在已經無從稽考，如果依照佛經所寫的，蓮花生大士當然不是人類無疑。但若以一個星族人的角度，蓮花生大士的出現幫助了很多地球星族人，亦把這些教導留傳給地球人，而不同的星族人也可以依照自己的層次而學習。由於西藏在過去幾十萬年的氣候和地理的改變，讓它終於遠離人群，變成一個遙不可及的地方，剩下的都變成了神話。這些方法因爲長久的以一個宗教模式保存下來，所以有些方法被冠上不同的解釋，但方法是存在的，只是學習的時候要懷抱一顆宇宙的心，才能看到它的眞諦。

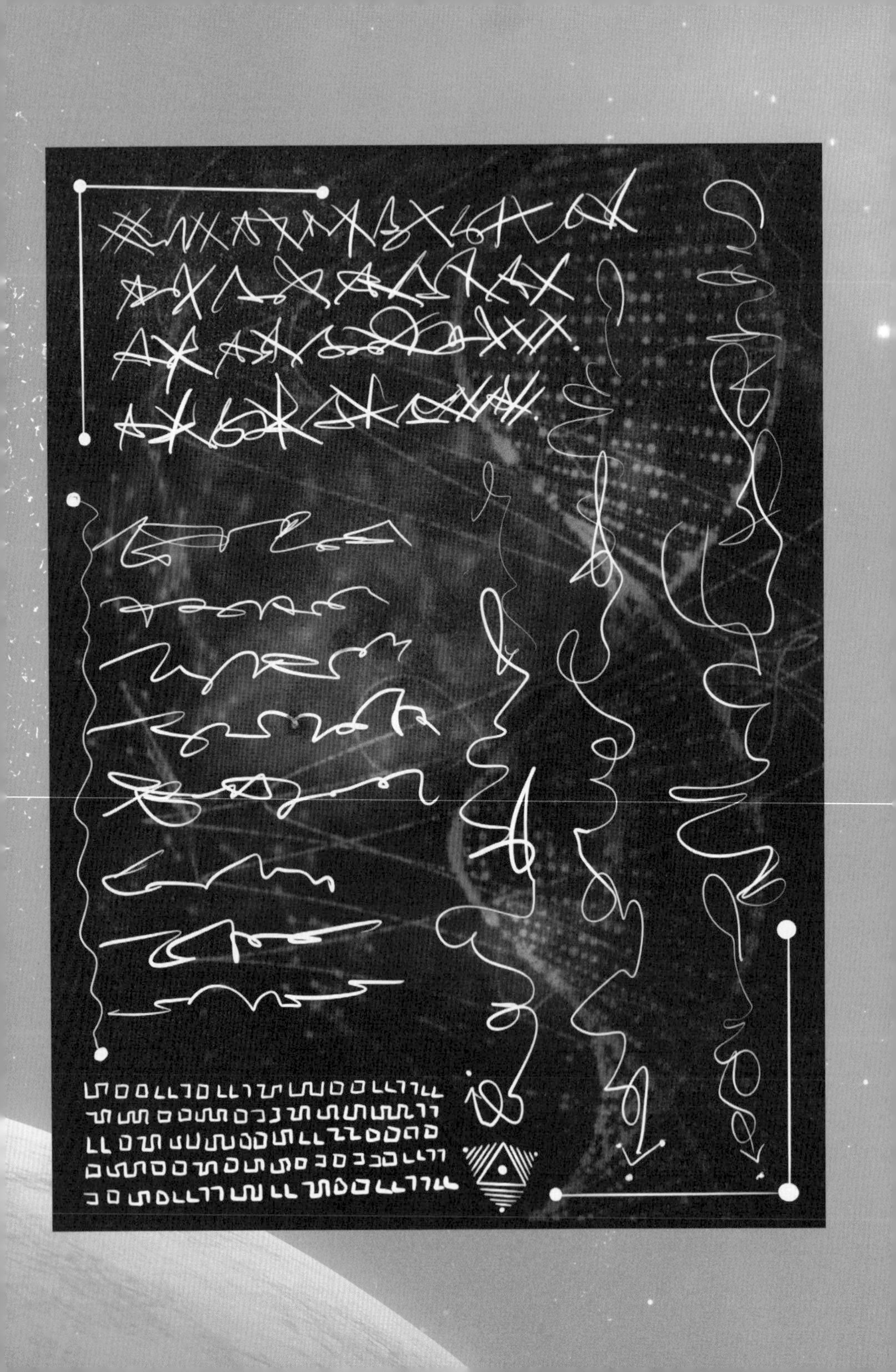

4

地球星語

松果體既是一個實在的身體部位，但也不只是一個部位，它是一個讓我們與高維度能量接觸的橋樑。所以松果體就是阿賴耶識在肉身的一個存器，就像電腦一樣，松果體／泥丸是一個硬體，裡面有一個阿賴耶識的軟體，這個軟體存放了所有關於我們在不同星球年代的生命訊息，同時這個軟體可以放在宇宙網際網路上，讓你的硬體可以不斷更新加建。

明白了這一點後就可以尋找適合的軟體和應用程式，透過自身的努力，將心識調節到更高次頻，與源頭連接。當你到達了某一個境界，就可以去那一個頻率的星球。

賽尼揚一揚手，她們又回到這個無垠的宇宙裡，洛娃身處在這漫天光點的宇宙中，對她這幾十年所學過的，各種擺脫生死輪迴的方法，有了新的體驗。雖然在某些宗教層面來說，輪迴的觀念是廣被接受的，但對沒有這些宗教背景的人而言，輪迴只是一些書本或電影的橋段，因爲他們沒有見過、沒有感受過，所以不能接受。

無論是地球人或星族地球人，他們受困於這個三維六道輪迴的世界是不爭的事實。只要一天沒有超脫，一天都得受這輪迴的支配。有些星族地球人找到方法回歸本源，從此，他們所走的軌跡再不是地球人的軌跡，而是依從他們星族的方法，例如《舊約聖經》的以諾和以利亞、很多化虹光的藏傳佛教上師、活了幾百年到現在仍活著的 Mahāvatār Bābāji（根據 Paramahansa Yogananda 在其自傳 *Autobiography of a yogi* 寫到與 Babaji 的會面），還有很多不在大眾視線範圍內的星族人。但如何做到？哪種方法最適合自己就是一門學問。

「倘若本身的原生星球並不是在佛的宇宙裡，那麼學了佛系有用嗎？」洛娃問。

「佛系統裡面包含了很多方法，你們地球人不是說有八萬四千法門嗎？這些法門已經是包羅萬有的，只是解釋和用法跟傳統佛教的模式有些分別，例如：念咒、誦經也不只是佛教才有的例子，Om、Ram Ram Sita Ram、南無阿彌陀佛、Om Mani Padme Hum – Om nama Shivaya、大悲咒、《心經》、金光咒……這些方法、佛號、名號在印度教和佛教，特別是藏傳佛教是十分普遍的，當你不停的念這個名號而得其法的時候，你的身體、精神、思維的頻率，也會變成了這個名號，那麼你就會被這個星球吸引，在你死亡的時候靈魂會自然應著名號的頻率而去。這就是地球人所說的到達西方極樂世界，或到達阿彌陀佛土。對星族人來說就是它們沒有一下子能回到自己的家鄉，至少也能去一個比地球能量高的星球。讓我跟你們討論一下地球佛教所用的一些詞彙：

「『般若』，關於般若，它的核心思想是空性與慈悲，空性並非一個解釋性的用語。它的前提是必須要有空性的體驗，這個體驗只要能處於沉默，安於當下方能體驗，甚至應該說這不是一個體驗，空性就是一切的本質。要了解空性必須先體驗空性。

「『慈悲』，並不是去善度眾生，因爲先有我才有眾生，若看破了我，眾生也不復存在，他是你的一部分，兩者不能分割，當你能證得，菩提眾生也同時證得，所以這不是一個能夠靠文字或語言來解釋的狀況。如果每個人恰如其分的做著他該做的事情，不爲個人喜惡、名利、愛執，只要有一份圓滿宇宙的心就可以了。

「『中觀』，是用作管理宇宙和星球運作的一個系統。佛的宇宙和很多其他接受佛宇宙方式的星球是以此爲準則，包括一切皆由因緣而生，其中八事指不生、不滅、不斷、不常、不一、不異、不去、不來，八者是一切所生的源頭能量，這能量經過各種自然力量的牽引因緣和合，產生了無盡的星球、宇宙、銀河、人、非人。若能明白則能看清事物的本質，不會被外在物所纏繞。

「『唯識』，根據地球佛教的簡約解釋是破除我、法二執，證得人法二空，破除執空。

「『執有』所討論的就是人體的八識，眼識、耳識、鼻識、舌識、身識、意識、末那耶識和阿賴耶識，但必須要正確明白了方能運用，阿賴耶識就是人和非人的種子庫，一切也是由阿賴耶識而轉生的，它是我們跟能量源頭的橋樑，一切必須要通過它才能以一種有形或無形的形象顯現，普通人就算是懂得這個名稱，如果沒有訓練方法，也是不能使用的，譬如：在道家的學說裡指出，從眉心入內一寸稱爲明堂，入內兩寸稱爲洞房，入內三寸稱爲泥丸，這個地方就是松果體的範圍。

「松果體既是一個實在的身體部位，但也不只是一個部位，它是一個讓我們與高維度能量接觸的橋樑。松果體就是阿賴耶識在肉身的一個存器，就像電腦一樣，松果體/泥丸是一個硬體，裡面有一個阿賴耶識的軟體，這個軟體存放了所有關於我們在不同星球年代的生命訊息，同時這個軟體可以放在宇宙網際網路上，讓你的硬體可以不斷更新加建。

「明白了這一點後就可以尋找適合的軟體和應用程式，透過自身的努力，將心識調節到更高次頻，與源頭連接。當你到達了某一個境界，就可以去那一個頻率的星球。」賽尼說。

素桑自忖以前也有過類似的想法，但由於太天方夜譚，所以一直沒有和別人討論過。

「什麼才是念得其法？」洛娃繼續問。

「就是不以舌頭誦念名號而以呼吸誦念，自然地讓呼吸誦念。地球人一天有二萬一千六百次呼吸，那就念二萬一千六百次名號。最初都是以舌頭念誦的，然後有一天舌頭停止了，剩下意識在念，然後意識沒有了剩下沉默，最後每一個呼吸成了名號，最後你也成了所念之名號。同時不用去解釋名號或咒文，重要的是那音節的共振而不是它的意思。」賽尼解釋說。

當賽尼在解釋的時候，她們在這個太空中聽到一種呢喃的咒語聲，這種音頻鋪天蓋地的籠罩著，它沒有很吵，但就讓她們的思維呼吸都充塞著這種頻率。

「你說音節的共振，那麼要依從哪個音節？」洛娃繼續問。

「在地球來說是古摩揭陀語，因爲這是最接近當時的星語傳授。現在地球人說星語的人數不多，原因是絕大多數人不相信有星語。其實所有人都懂星語，這個宇宙的每一個生物體內也有這一部分的記憶，只是有一些人被激活了而有些人還在摸索中。」賽尼回答說。

「我記得曾經看過一些文章，指出巴利文《大史》中寫道：摩揭陀語是一切（生物）的根本語言。這是採自覺音（Buddhaghosa）尊者的說法。在『分別論』的註釋中，覺音說：一個沒有聽到過任何語言的小孩子自然而然地就會說摩揭陀語。摩揭陀語被說成是一切生物的根本語言，一切語言之母。」洛娃突然間記起來。

「還有一點，對只重於三維世界的地球人，沒有想到或流傳下來的就是心傳，星語最重要的其中一個效用，是能直接讓聽者或接收者同時經驗和感受。佛陀周遊到不同的地方傳法，也有學生來自不同的城邦，而那個時候不同的印度地區也說著不同的語言，所以無論當時的學生是誰，只要是佛說的語言，就能夠以心傳心傳遞訊息。其實耶穌也有類似的情形發生。」賽尼繼續給洛娃解釋。

「這可能就是以一音傳萬音的眞正意思，心語無論誰都能接收，而星語是每個人也可以說的語言。世人都以爲摩揭陀語/星語已經失傳，可是它們是我們DNA的一部分，是不會失去的，只需要激活。如果所有地球人眞的能夠明白和使用星語，就可能會解開很多生命之謎，可以糾正過往世代以訛傳訛的謬誤。」洛娃很興奮的回答。

「是的，如果能夠把原本的星語再重新教導，使它再次成爲地球的語言系統，這將會對整個地球的進化有很大的幫助。語言或音節對開拓你們的大腦，擔任著一個很重要的角色。語言的音節可以控制刺激大腦神經，這有助於接收不同的頻率，也可以改變物質的組織和密度。現在的地球人將自己框死在一個頻率，也因爲沒有語言可以刺激腦部的組織，地球上很多曾經帶有星語的語言也所剩無幾，很多地球人的松果體不但沒有得到正確的保護和滋養，反而有萎縮的情形。根據我們之前所說，松果體是人類通往更高意識的門戶，通過松果體人類可以踏進連接浩瀚宇宙的意識，從而將這個能量引進並刺激松果體讓它潛藏的能量爆發。在人類的語言，松果體可以讓人類和非人類產生特異功能，這些特異功能是人體功能的延伸，如果他的能力被正當地訓練和激發，就可以升級做到身體功能的轉換。例如人的聽覺對遙遠聲音是不能聽到或分辨得很清楚的，但如果能力得到訓練，就可以聽到很遠的聲音，像放了一個接收器。更高級的可以聽到人體器官出現毛病的聲音、能量線穿越地底的聲音、星球的聲音、空氣的聲音……至於轉換，就是換了功能，例如普通人用肉眼看，能通特異功能者用觀，不用看，所以是觀音不是看音，平常人就只能聽聲音。又例如神農嚐百草，其實他用的是觸感而不是真的吃下百草，他能用手觸摸便知食物的屬性，涼熱虛實，有毒無毒，及食後功能反應等。當然神農並不是地球人，他能有這些能力是他們星族的DNA，但普通地球人亦可以通過修煉來延伸這些功能。」賽尼說。

洛娃和素桑聽畢後，覺得現代人受太多電影、網路遊戲的熏陶，覺得那些神通唾手可得，傳統的六神通裡包括：神足通、天耳通、他心通、宿命通、天眼通、漏盡通，都是新時代的愛好者的買點，現代人趨之若鶩，覺得人打打坐、做些呼吸就能得到如此神通，未免過於兒戲。最重要的是，得到這些神通並不是目標，目標是認清自己是什麼，如何可以回歸自己的星族，回歸自己的本源。其他所衍生出來的能力是因為我們的思維更清淨，身體的能力通過訓練能得到提升。這些能力其實都是潛藏在我們的身體內的，只是因爲三維世界的各種羈絆、妄念、環境，於是未有調伏的心讓人類不能把潛能發揮。念佛號/咒語/誦經則是要每分每秒不停的改變身體的震頻，讓自己能跟所念頌的咒語/佛號或經文得到共振。只要我們有機會能把這些不同的方法印證收集，將來學院的學生就可以學習並流傳。

「但如何知道他們所說的是眞的星語？我聽過不同星球的星族人他們的星語是有分別的，是否有一個大家共同認識的星語？此外還有個別星球的家鄉話的嗎？」素桑想到就問。

「是的，眞的如你所說，有一個大家共同認識的星語體系，然後再有一些家鄉語的。地球人也可以嘗試看看有沒有感應，同樣的星語對不同的人會有不同的反應。」賽尼回答說。

素桑心想要達到大部分地球人重新學會星語，距離這一天可能還有很長的一段日子。

「對你剛才所說，地球人依循這些念名號/咒語/誦經的方法是否能達到完全證悟的境界？」素桑還是有點疑問。

「不，這只是可以幫助你能夠去到頻率更高的星球或說是『天』，讓你解脫了三維世界的習氣，讓你可以繼續修行/學習。人在不同的『天』繼續修行讓覺知越來越高，每一個階段也有一個突破點讓人可以提升到另外一層/另外一個星球/另外一個維度。」賽尼解釋說。

「你是說這一切都要循序漸進嗎？」素桑問。

「不，只要你能達到一個突破點，這可以是突然發生的，而且到了某一個層次你已經不再爲思維和身體所捆綁，這樣已經不需要地球人的模式，這個人也已經進化了。」賽尼回答。

洛娃在跟賽尼的談話中發現可以解答很多自己又或是地球人思量或有實習過的問題，但除了少數人得到答案，很多人最後都消失在思維的洪荒裡。不然，我們也不會重重複複的在打轉。這些大大小小的問題，一直在影響我們，雖然我們自以爲科技很高，但其實我們跟幾千甚至幾萬年前的人類差不多，可能比他們還差。同樣的問題在幾百萬年來，不知道被問過多少次，爲什麼我們還是原地踏步，究竟問題出在哪裡？是否有一些成功留下來的線索？就是在金字塔文明所隱藏的死後通往之地，和藏傳佛教所提及的《西藏渡亡經》內？這個問題一直在洛娃的腦內盤旋……

大家還在沉默之際素桑慢慢分析說：「剛才你爲我們解說松果體和泥丸宮，這是現代人十分有興趣卻常常被很多似是而非的理論或坊間各種收費不菲的學習方法所混淆。現代地球人對松果體的了解比起古時的埃及人、印度人、蘇美人、美索不達米亞、希臘人、古代中國人甚至馬雅、印加、前印加、厄瓜多爾、瓜地馬拉、墨西哥、托爾特克（Toltec）、阿茲特克人、奧爾梅克還不如。第三眼由古代的神話一直到現在的神祕學說如共濟會、靈知派都佔上一個很重要的位置。

「印度從古至今對第三眼的功用和能力從來沒有隱瞞，相反，他們是流傳著各式各樣的方法來達到這項功能的使用，例如：濕婆神和其他印度教的神靈經常在祂們的額頭上以第三隻眼睛描繪。傳說中這隻眼睛代表了濕婆神的靈性眼睛能夠照遍宇宙，話說有一次祂的雙眼被妻子帕爾瓦蒂（Parvati）掩蓋，濕婆神立即要打開第三眼照亮整個宇宙，不然宇宙會落入無邊的黑暗，這隻眼睛憤怒時所發出的光芒能讓一切化爲灰燼，同時也不會爲一切慾念所動。

「在傳統的昆達里尼瑜伽，**Kundalini** 常被描繪成一條蛇，盤繞在三個半圈中，尾巴在牠的嘴裡，並繞著脊柱底部的中心軸（骨）盤旋。昆達里尼是一個梵語詞，字面意思是『盤繞蛇』。能量在身體會沿著 **Ida**（左面的能量線）、**ingala**（右面的能量線），和沿著中軸 **Sushumna** 交叉行進通過我們身上的七大脈輪直達 **Ajna** 輪，即眉心輪／三眼輪，這個部分所管轄的，就是腦下垂體和松果體。幾千年來印度文化接受脈輪就等同東方人接受經絡和氣的理論，人類體內有很多脈輪，最重要的有一百一十四個（一百一十二個在體內兩個在體外），七個主脈輪，二十一個次脈輪和八十六個微脈輪，全身的 **Nadis** 有七萬二千條，左右身體每邊三萬六千條。脈輪也可稱作在身體不同部位的能量點，可以吸收、發送能量，需要平衡和清理，會直接影響身體的狀態和神經系統。當激發了昆達里尼能量，通過眉心輪再到達頂輪就能讓神我結合。現代的昆達里尼瑜伽內含哈達瑜伽如三個鎖（**Bandhas**）、呼吸（**Pranayama**）和式止（**Asana**），**Patajali** 的 **Kriya** 瑜伽（包括自律、自學和對上帝的奉獻），密宗影像（可視化）和瑜伽的冥想技術（samsketas）。很多人在練習的時候會專注的看到被指導的影像，譬如某個壇城、某個本尊，並且要很微細的看到所有的細節、顏色、相貌，也有些人會感到身體有一種熱力，同時有一種氣感會直上到松果體的地帶並將整個人拉直，身體不會因坐的時間太久而彎曲。這種氣/能量的感覺會將整個人的能量充盈，就像一個略爲膨脹的氣球。有些人會有一個『定』境，也有目睹『虛室生白』，就是在一個漆黑的空間也能看到漫天亮光，這種感覺比一百萬個太陽還要亮。有些人會不停的哭，有些會笑，也有些會發抖因爲身體接受不了那麼多的能量（這一點曾經在Ramana Maharshi的身上出現過，他會不自覺的抖動，他解釋是因爲Shakti的力量太強，肉體本身並不能承受如此強的能量流經，所以會不自主的動），當然不同的人對能接受能量的多寡會有不同的顯現。

「埃及人的鐳之眼（Eye of Ra）和荷魯斯之眼（Horus Eye）除了是全視之眼（All Seeing Eyes）以外，也代表神的能力與療癒，祂能把人從死亡中帶回來。埃及人把這個符號放在木乃伊身上讓身體能再次完整，同時這個符號能對抗一切邪惡。這荷魯斯之眼的繪

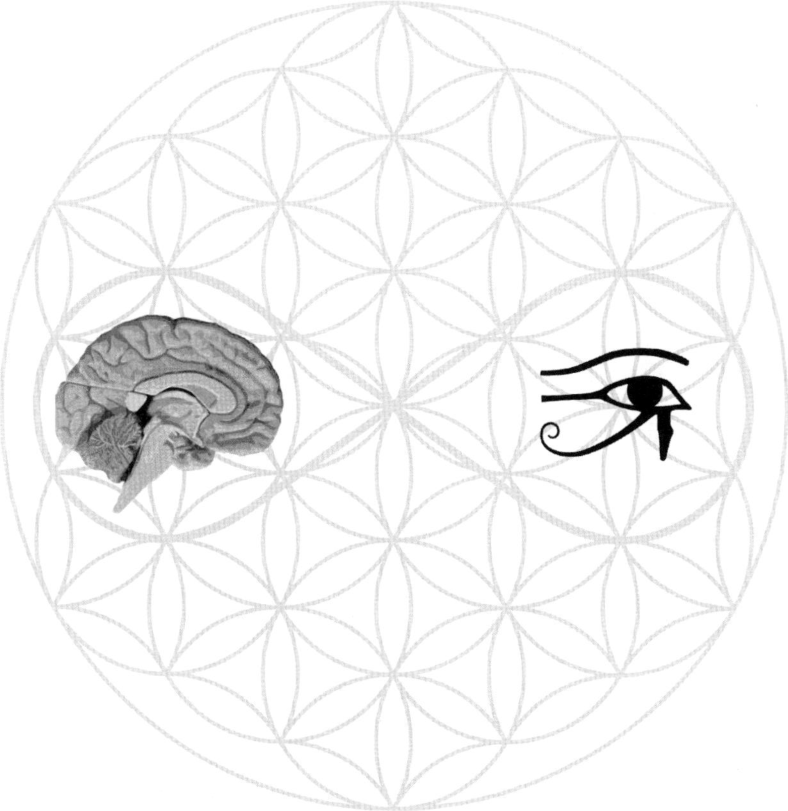

松果體，荷魯斯之眼

畫方法與大腦內松果體側面視線有驚人相似，在幾千年前的埃及爲何可以準確把大腦的這一部分畫出來，還是讓人非常費解的。

「此外，還有：蘇美神/美索不達米亞神瑪篤（Maduk，祂是美索不達米亞的神，也有說祂是古老外星族Annuaki）伸手拿著一顆松果的石板；在義大利杜林的埃及博物館所放的奧西里斯（奧西里斯松果手杖，公元前二二四年）；梵蒂岡庭院的松果閣所放置教宗手上的松果手杖，和那個被認爲是世界上最大的松果雕像；柬埔寨吳哥窟遺址的佛塔都是松果形的；在希臘神話中愛馬仕所攜帶的手杖……等等。」素桑娓娓道來這些穿梭地域、年代、宗教的壁畫、雕塑或銅器和圖像。

她從小就喜歡研究這些事物，對這些人物、圖片、解釋總是愛不釋手。在現代的科學裡，松果體/松果腺是上丘腦的一部分，橫向定位在丘腦體之間和韁骨合縫體後面，松果腺是單獨的並未成對，坐落在大腦的中線。松果腺長五~八毫米，寬爲三~五毫米，呈灰紅色橢圓形，重一百二十~二百毫克。松果體也處於四疊體池，也在第三腦室後面，所以它是沉浸在第三腦室松果體隱窩所注滿的腦脊液中。

松果體在目前醫學中的作用是負責製作褪黑素（褪黑激素），這是一種調節生理時鐘的激素，能調節睡醒模式和季節性晝夜規律週期。黑暗會刺激松果體對於褪黑素的分泌，反之光亮則會對其抑制。松果腺影響腦垂體分泌性激素，松果體有著跟眼睛和大腦一樣連接的神經線，它也有感光作用所以能製造出褪黑素。它還有壓電發光（piezoluminence）和經過壓力就能爆發出顏色（piezochromatic）。最爲現代神祕學推崇的就是它可能可以製造DMT（二甲基色胺），一種可以讓人致幻的物質，激發深層靈性轉化經驗，讓人感覺超越時間和空間。

松果體在人類死亡的時候會大量釋出DMT讓人產生瀕死經歷見到光或其他景象，但也有科學家說這些神祕經驗跟松果體沒有必然關係（北卡羅來納大學化學生物學和藥物化學副教授David E. Nichols在科學期刊《精神藥理學》的一篇發表文章中說，沒有好的證據支持松果腺、DMT和神祕體驗之間的聯繫）。另外，當你在冥想中，並且進入Theta波狀態時，胼胝體（Corpus Callosum）完全連接左腦和右腦，垂體通過前額開始排出液體。當液體風乾後，就會變成白色粉狀小晶體。這些晶體在吉薩金字塔國王墓裡的石棺內找到。根據 Drunvalo Melchizedek 書中（《生命之花的古老祕密》第二二五五頁）所言，國王墓並非墳墓，而是一個啓蒙室，當人在裡面冥想腦電波達到 Theta 狀態而左右腦得到連接時，就會出現這個情況（When you are in meditation and you go into the theta state, the corpus callosum fully links the left and right brains and the pituitary gland begins to excrete a liquid through the forehead. When that liquid dries up, it becomes little white crystals, which flake off. That's what this was on the bottom of the sarcophagus in the King's Chamber. The ancient secret of the flower of life vol 2 pg.225 Drunvalo Melchizedek）。當時很多研究人員也不明白這些白色粉末是什麼，這個謎團是過了幾十年才讓科學家找到答案的。

另一種植物死藤水，是生長於南美洲亞馬遜地區的一種熱帶植物，以其致幻特性而聞名，也同樣是含有大量的 DMT。近年在靈修界很流行死藤水，很多人慕名而來，希望可以經由這種致幻植物所帶來的靈性體驗和模擬松果體在死亡狀態下打開藏在我們潛意識之門。可是在亞馬遜流域使用死藤水是一個神聖的經驗，不是每一個人隨時隨地能試的。（一）薩滿要檢查這個人是否適合並有足夠能力使用。（二）使用死藤水是一個神聖的儀式，使用者必須要有充足的準備（包括心理、生理和靈性），在使用之前要有一段時間潔淨身心，絕對不是三兩天的事情。有些原住民一生接受薩滿的指導，以半生的時間來準備接受這項儀式，這是一個通往更高意識的門戶，踏進生命的另一個層次。（三）準備得不夠，不只會減低死藤水的功效，也會令使用者得不到應有的經驗，同時亦不能全面保護使用者。故此現時很多給廣大有興趣但沒有跟隨薩滿適當指引使用死藤水的，唯有把份量減到最輕，一則雖然沒有什麼危險，但同時亦沒有得到應有的效果；二則這只是成了新紀元名下的一項遊戲，跟原本的用意南轅北轍。

似乎星族人在地球的歲月裡可能眞的試過無數的方法讓自己與原本的星族連接回歸本源，當然有成功的也有失敗的，但若我們不勇敢面對自己跳出框架，就永遠找不到答案，而答案往往就在面前。

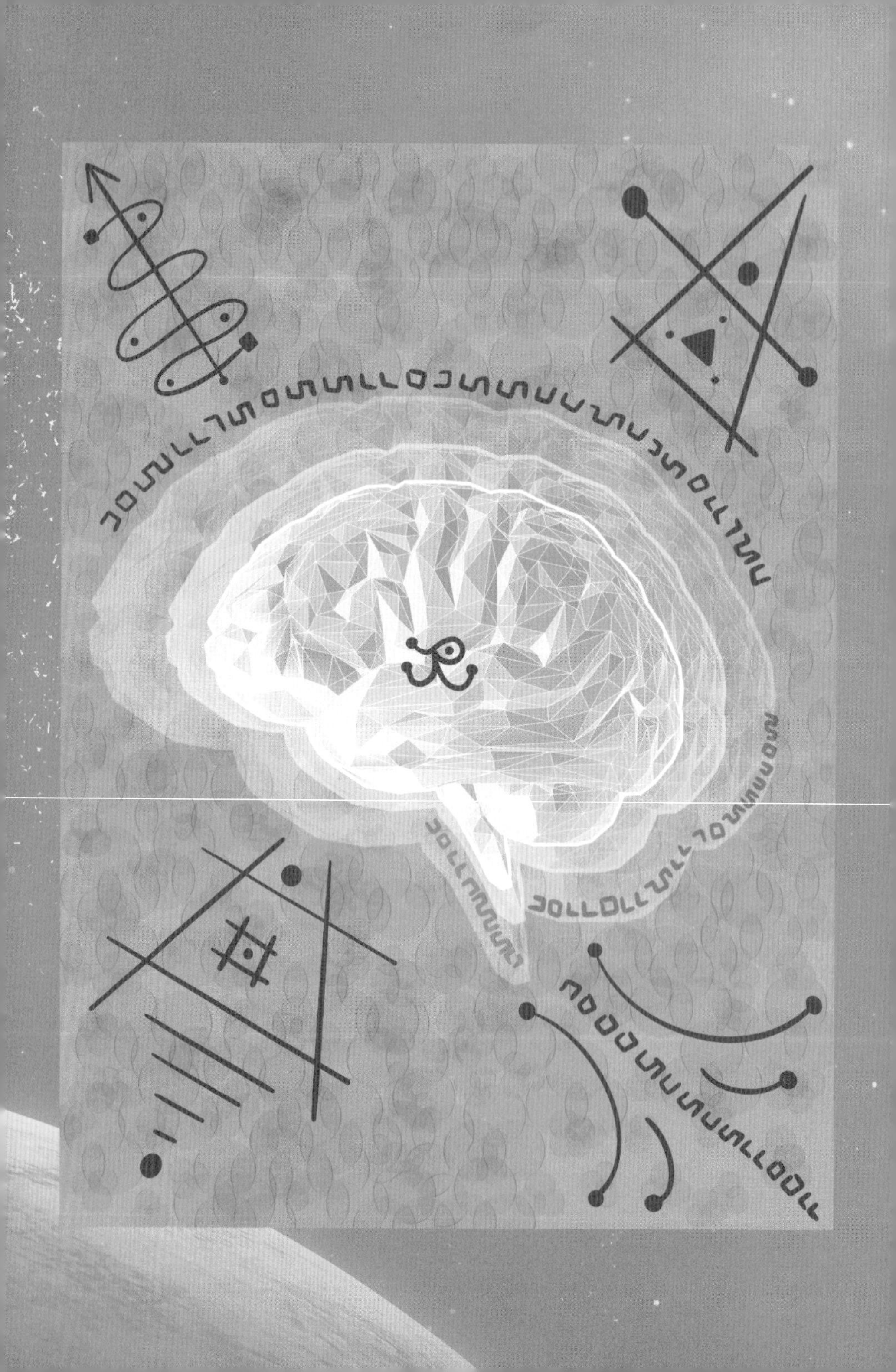

5

走進松果廟

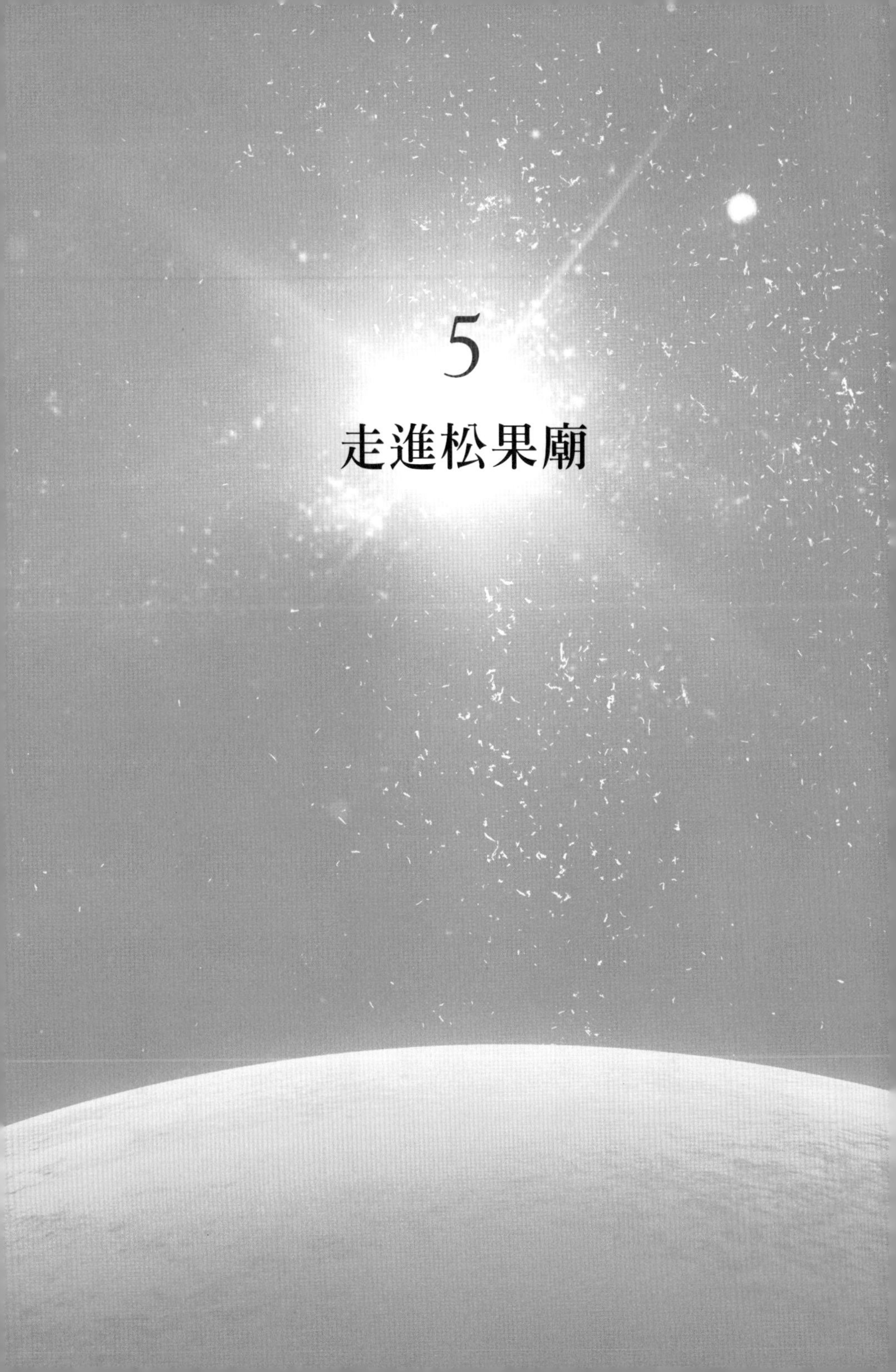

你們的腸臟也是記憶的樞紐，包括很多所謂前生的記憶也是隱藏在腸臟的。身體絕不是一個飲食機器，它本身就是一部很精密的電腦，只要找到適合的軟體就可以提升。

素桑興致勃勃的說，而眼前的景物又開始改變了，現在她們身處茂密的叢林，感覺很潮濕、很熱，這裡應該是熱帶雨林或是在原始的森林裡。面前出現了一座外形一層層呈尖形的建築物，素桑再仔細看：「噢！這個建築物的外形就是一個松果，有點像吳哥窟的廟宇，這是什麼地方？」

「這是訓練使用松果體的廟宇。你們可以進去，可是裡面會刺激你們的松果體，你們可能會進入半瘋狂的狀態，總之你們自己要小心。不然可能會永遠出不來，被囚禁在這個幻象裡。」賽尼向素桑和洛娃叮囑一番才離去，還跟素桑說瑪雅和秋丘在一起叫她不用擔心。

素桑和洛娃小心翼翼的走進松果廟，本以為裡面會漆黑一片，可是進去的時候裡面有不同的彩光在交疊移動，抬頭一看，廟的頂部是開放的，旁邊也有光線從四面照射進來。素桑慢慢的感到很放鬆，突然間心情變得好起來，她瞄了洛娃一下，看來洛娃也是挺愉快的。

她們兩個再沒有那麼步步爲營，隨便的在廟宇裡走動。這裡一個人也沒有，初看廟宇沒有很大，有好幾個房間呈橢圓形，有些房中有房，也有些有隧道連接著，她們走著走著總是沒有辦法走出來，無論怎麼走，這個地方的房間好像可以無盡伸延。她們走進了一間最大的房間，在門外看裡面是空的，走進去的時候素桑看到房間裡有很多像閃電的光，有些交叉著、有些分開、有些連在一起、有些相合又產生出了其他顏色，但整個影像並不是一個、兩個、三個的，而是成千上萬的電光不停在閃爍，再爆發出相同的亮光，洛娃發覺她走過的時候，這些電光是會有所反應的，它們會改變形狀，甚至會避開，好像有生命、有感覺。

洛娃突然說：「這個是否是我們的大腦？我曾經看過一些關於大腦神經的影片，當大腦在思想時就像這些電流在接觸，它們聚合分散產生出的能量就像我們面前的景象。這些仿佛是神經元和因周圍環境改變而產生的神經突觸。」

「你是說我們在一個腦子裡？」素桑仔細打量周圍的環境，接著說：「當我們見到不同景物，有念頭或高興或憂傷或好奇……的時候，大腦的額葉和頂葉就會有反應，就像我們剛才見到的閃電流。」

素桑和洛娃像發現新大陸一樣。「既然我們在松果廟，就必先找出松果體在哪裡。」洛娃和素桑雙視而笑，異口同聲的說。

她們沿著房間走，素桑知道松果體是在間腦的第三腦室後，所以一直小心翼翼在找尋，可是這些房間沒人進去的時候是靜止的，只有踏足時才可以知道它負責的是什麼部位，譬如當她們走到一個黑漆的房間，感覺眼睛一直在適應，這個應該是枕葉，接連另外一面的就是我們的眼睛，當我們適應的時候就能在黑暗中看到景物。這些房間都被一些幼小的通道連接。人腦分為左右兩個大腦半球，二者由神經纖維構成的胼胝體相連，在大腦皮層下面有幾個重要的結構，包括丘腦、上丘腦、松果腺、下丘腦、腦下垂體和丘腦底部。

她們左穿右插的，然後不知東西南北的走到一個極深入的小房間，這個房間跟其他房間不同，中間從地上透射出微微的亮光，房間四周的牆有液體滲出，源源不斷，但分流到哪裡？她們卻不曉得。當洛娃和素桑踏進房間的時候，微弱的燈光轉強。素桑特別感覺到在自己的腦子裡面的中間位置有一種壓迫感，能量就好像聚在一起結成一塊，還有一種硬蹦蹦的感覺。素桑看到洛娃開始在跳舞，很溫柔的隨著房間在轉，她好像聽到音樂在起舞，臉上流露出很神聖、輕柔的光暈。素桑感覺自己的身體不由自主的在動，有時像聽到音樂，有時又像聽到念誦，不斷在轉動而且越轉越快就像一位蘇菲大師在旋轉，彷彿回到時間之初當生命還沒有爆發之前，是那麼寂靜那麼舒服！沒有身體的束縛，只有神識在馳騁，可以跟天空出現的所有靈體、地面出現的生物溝通，中間沒有了隔閡，是何等自由！這些在入胎的時候就會隨之消失，然後每生也會留下少許痕跡，這些對那一生很重要的感覺（不一定是事實）會被收藏在身體的細胞裡。而聚集得最多的地方是我們的腸臟，也是腹部的地方，很多細胞的記憶原來藏在腹部！素桑感覺到腹部承載著很多，有點脹脹的感覺。

素桑看到很多奇異影像，有些帶有強烈的色彩，有時所有想到看到的東西都變了形，有些人、動物變得巨大猙獰在張牙舞爪，也有靈體在周圍盤旋，素桑知道這些是幻象，她沒有理會。無論這些幻象如何在她面前出現，要驚嚇她、追趕她甚至要吞噬她，她也無動於衷，因爲她知道幻象是從自己的心識，通過腦神經將之形象化。只要堅持不讓自己墮入圈套，這些影像感覺就像心魔一樣在纏繞。

然後素桑看到她已去世的父親，那一刹那，所有的堅持、理智、修行、能量都瓦解了。一種洶湧澎湃的愛徹底的佔據了她，看到小時候父親照顧她的種種影像，周圍的環境轉變成幾十年前家裡的模樣，還有父親的書房，平常父親就喜歡坐在那裡，或沉思或看報，還有他最愛喝的鐵觀音茶和桌上的花瓶，總有他喜歡的鮮花。有時是劍蘭，有時是菊花，還有野薑花。素桑很清楚這是幻象也是考驗，但面前是一個自己那麼掛念的人，她實在希望這個幻象可以延長。父親過世的時候她不在旁，還記得那一年的暑假她在香港，父親肺癌，但精神還是很好，然後暑假結束，素桑回美國繼續升學，不到三天就接到姊姊打來的電話，說父親離開了，由於她剛回去上課，所以他們認爲不用再趕回家。就是這樣，她沒有眞正看過父親去世的樣子，在她心裡父親好像從來沒有離開過。其實自己並沒有眞正經歷生離死別，可能是怕痛，所以有一段很長的時間把心緊緊的包紮著，不要讓自己感受太多，沒有了父親，心裡多了一個大洞，一個人在美國也不懂得釋放那種哀傷，有一個亦師亦友的朋友叫素桑爲父親每日念誦《地藏菩薩本願經》，然後回向給父親。那個時候，她開始正式踏上尋道之路，因爲人生無常，必須學懂放下，必須學會超脫生死，必須明白並沒有死亡。這些由書本的知識變成素桑生活的一部分，到後來成爲她生存的唯一意義……

現在面對著父親還是那一副很疼愛自己的樣子，素桑的心起了一個很微妙的變化，那個緊緊包紮的心慢慢鬆了綁，感受到那一絲絲的痛楚越來越強烈，然後她感到心很痛，她回到當日那個在美國接到父親死訊的女孩，有種痛楚滲透出來，然後走到父親面前擁抱著他，父親說：「我從來沒有離開過，明白了嗎？」素桑說：「明白了。」然後父親的影像消失了，呼吸中還有父親的味道，但素桑的心沒有再執著於這個幻象，她慢慢的呼吸著痛，一口一口的，每呼吸一口心就多一點光，她大口大口的吸，感到光充滿了她的心，一種微微跳動的感覺再次在她的體內復甦。

素桑像一尊白玉的石像盤坐在那裡，彷彿世界上已經沒有了這個人，她只是一尊石像。有一種能量透過松果體分流到身體各個部位，但由於能量太猛烈，素桑的身體不停的在抖動，三維世界的身體根本不能吸收那麼多能量。同時從底盤開始有一種能量往上升，兩種能量聚合，然後產生出第三種能量，像電流一樣流遍素桑的全身上下，身體已然沒有知覺，意識也是極之薄弱，然後一下子松果體像衝開了一道防線似的，一切變得很明亮很清晰。素桑感覺自己的視野很高很遠，自己不是在平常的高度，心中既無雜念也無疑惑。

身體仍然微微顫抖，但感覺好像進入了另外一個模式，雙耳可以聽到很多很微細的聲音，剛才一點水滴聲也聽不到的圍牆，現在就像扭開的水龍頭，睜開眼睛就可以透視，看到所有房間，整個地形圖，還有地底的密室和屋頂的設計，也可以感受到洛娃的平靜，但同一時間好像聽到整個星球的各種心聲。現在的素桑就像配備了進階的升級版、加強版功能。一下子的躍進，素桑暫時還不能適應，她努力讓自己保持在一個定境。另外一邊的洛娃情形跟素桑差不多，只是不停的在誦念咒文，讓自己不會被這些能量牽引。突然間有一種龐大的力量在體內爆炸，素桑感到狂喜，她努力睜開眼睛，但發覺自己在同一時間看到很多影像交疊，她完全不知道自己在哪裡，心想這是不同維度的影像嗎？一方面她好像知道自己還在這個松果廟，但另一方面完全不知道看到的是什麼，不能形容，非黑非白，沒有形體，人的腦似乎不能消化，或說已超越了人能明白和感受的境界。

洛娃一直觀察素桑，看她在瘋狂般的狂叫、亂跳、在笑、在哭，身體不受控制，然後她不停的在轉圈，就像「蘇菲旋轉」般，只是她是逆時針方向轉，她旋轉得那麼優美，身體隨著這個旋轉，把那些在體內爆發的能量隨著旋轉的能量往外抵消。她不停的在轉，不知轉了多久，能量由內往外抵消到均勻，全身再跟宇宙的能量交接。她由狂喜狂哭不受控制，至宛如一尊優美的白瓷佛像，她一直在旋轉，臉上發出了近乎神聖的光芒。素桑現在是沒有我/身體/意識/念頭，一種不被三維世界掣肘的聖潔。然後她宛如一尊白瓷佛像那樣坐下來，無聲無息，彷彿呼吸也會打擾她的清靜。洛娃則進入如潮水般覆蓋萬物的沉默中。

不知過了多久，可能有一、兩個世紀，素桑和洛娃被一些頌缽和清脆的敲擊聲喚醒，還聽到有人在呼叫她們的名字，聲音有點陌生。洛娃首先醒來，慢慢張開眼睛環顧四周，一切也很陌生，腦內一遍空白。可是她還是認得出素桑，看到素桑這個宛如佛像的樣子，洛娃的記憶也慢慢的回來。

有人在旁邊嘰咕的說：「你們醒來了嗎？你們在這裡已經三天了，我們一直在守護你們。」

洛娃心想三天怎麼可能？洛娃問：「我們在哪裡？」

「你們還在我們的撒莫悉麗巴拉星球。」賽尼說。

素桑聽到一些聲音，她想：自己好像由一個很遠很遠的地方回來，整個人沒有什麼記憶，盡力去想也沒有想出什麼來，聽到有串聲音在講話但不知道是誰，嘗試睜開眼睛卻像有東西把眼睛黏得緊緊的，然後有人用一些軟軟濕濕的東西放在她的眼上，她便慢慢睜開眼睛，周圍的環境很陌生。「爲什麼我一點也記不起來？我在哪裡？」她問。

「你醒來了嗎？」是一個熟悉的聲音。素桑循著聲音方向看，一張很熟悉的臉，心想：「是誰？腦內還是空白一片。」然後她聽到一段光語，這一次她明白了，光語的意思是叫她不需要留戀在相與無相，生命並非只有這兩個層次，雖然大部分人只能看到這兩種。踏過死亡的幽谷才能明白生命的精髓。

聽完了光語素桑感到回了魂似的，把剛才忘記的東西一件一件想起來。原來賽尼用葉沾了水放在素桑的額頭和眼睛上，她方能慢慢睜開眼睛。看到周圍的景物，她們確實還是在那個松果廟裡，但中間發生了那麼多的事情，遇到了那麼多的事，整個人的感覺還是十分虛弱，而且還未想從那感覺裡走出來，希望能永遠留在那裡。

她突然想起瑪雅，不知道她在哪裡，正想問的時候賽尼道：「瑪雅和秋丘成了好朋友，秋丘帶著她到處遊覽。」

「哦！這就好。」素桑有氣無力的說。

賽尼命人拿了兩個不知名、有刺的植物叫洛娃和素桑喝下去，那汁液流經喉嚨的時候有種苦苦辛辣的感覺，喝下後整個人感到暖意流遍全身，同時神識漸漸的回來。

再睜開眼睛的時候已經回到星子總部，洛娃還是躺在素桑旁邊的床上，腦子仍然處於一個空白的狀態，素桑突然想到賽尼所說：「松果體既是一個身體的部分，但也是通往宇宙隱蔽知識的橋樑，所以要了解它必須擁有各方面的認識。可惜的是地球人對松果體的了解只是剛起步，不明白的地方還有很多很多。其實在人的身體內能夠接觸高維度宇宙核心層次的又豈止松果體，你們的心能接觸多維度宇宙，但這所指的並不是物理心，這個心並沒有實體也沒有範圍，絕不是思維所想，只有懂得這個心才能跟宇宙心連接，你們的腸臟也是記憶的樞紐，包括很多所謂前生的記憶也是隱藏在腸臟的。身體絕不是一個飲食機器，它本身就是一部很精密的電腦，只要找到適合的軟體就可以提升。」

素桑心想她跟本不知道自己有沒有離開過這張床，又或許她沒有離開過婆羅浮屠，究竟什麼是虛幻什麼是眞確？或許中間並沒有分野，感覺是可以欺騙人的，因爲可以是大腦自己製造出來的活動。但是有一種直接的洞悉力是從當下中得到的，這是超越了經驗和感覺的。素桑的腦袋實在太空白，要很用力去想，終於她還是放棄了。

「你們兩個可好？看來你們已經慢慢恢復了。」賽尼不知道何時進來跟她們說。

「身體已經沒有什麼，只是整個人還是處於一個抽離的狀態。對所有一切都在『觀』。」洛娃說。

「是的，松果體的激發會讓人進入更深層的自己，這也是打開跟宇宙連結的方法。同時會感覺自己並不是這個身體，身體和『我』並沒有什麼關係，身體消失了但『我』仍然存在。」賽尼回答說。

「你這樣的解釋不就正正是死亡的眞意嗎？身體消失了但『我』仍然存在。」素桑聽後還在重複賽尼說的話，好像這話碰觸了她一些深層的記憶。

「如果我說死亡是一個謊言，把所有人、星族人都瞞騙了，你可會接受？」賽尼對著素桑說。

素桑若有所思的並沒有回答賽尼的問題。

秋丘帶著瑪雅坐在卡卡鳥的背上飛翔，經過山谷原野、七彩的海洋、紫晶般的湖泊，還有騰出白煙的火山，有熔岩流出來，能夠看到大地有不同能量的圖案，隨時在轉變移動，倒是沒有看到什麼動物的蹤影。

「爲什麼這裡沒有什麼動物？」瑪雅問秋丘。

「撒莫悉麗巴拉星本來是沒有生物的，只是後來有很多不同的星族人移居到來，同時又成了訓練卡布拉加的星球，所以所有動物都是半獸半機器的改良品種，用來當乘載工具。」秋丘說。

「剛才卡卡鳥介紹你是亞斯偉以格多星的公主，你們的星球在哪裡？」瑪雅好奇的問。

「我們的星球已經滅亡，剩下的族人在約一百萬年前就來到了，現在的印尼、婆羅洲、西馬來西亞，那時這裡是一整片土地，他們一直在這裡生活，當時他們坐著卡卡鳥從天而降，地球人以爲是神獸載著天人而來，而且每次他們有什麼自然災劫，我們都會來幫助，拯救他們，所以他們就認定我們是來拯救他們的天神。我們也成了他們的膜拜對象，衍生出一大堆神話。後來經過不斷的火山爆發、地震，原來的板塊斷裂，終於把這些土地分割。當時我們的星族成了統治者，也與當時的地球人聯姻，所以皇族一直都是擁有我們星族人的血統。有一個分支甚至還擁有百分百的星族血液，只是由於要保護他們，所以他們都住在人跡罕見的山區，有部分後來移居到這裡來，包括我的哥哥。」秋丘對瑪雅細訴淵源。

「那你是說這一百萬年來你沒有死亡過？」瑪雅小心翼翼的問。

「不是，我們有死亡過，但我們也可以重生。」秋丘看著瑪雅說。

「你是說輪迴？」瑪雅問。

「第一，不是每個星球都有輪迴之說，地球有而有些星球是沒有的。宇宙之大，不同的星系有不同的律。不同的星球因著不同的生態環境及魂的不同本質，造成無量數的法則。有些星球壽命很長但時間到了它的魂就會消失，而地球人的魂若沒有受到干擾是會一直輪迴下去的。我星球的魂若在死亡的時候得到適當的訓練，經過一段時間是能重生的。第二，普遍相信輪迴的地球人都認爲當肉身死亡了，相同的靈魂會不斷轉生。其實這個觀念不完全正確，一個人的靈魂其實分成三個部分：天魂、生魂、覺魂。天魂是當原生星球發放的精微遇到適合的生態環境取得了生命意識，這個生命意識就是天魂，它是自然生出來的，而生魂和覺魂則是有了肉體後生出來的。譬如當甲君死了，他的生魂和覺魂是甲君的模樣，但當甲君投胎成了乙君，乙君本來是甲君的魂，那麼乙君死後的魂是甲君還是乙君的呢？答案是乙君，因爲這個生魂和覺魂是從乙君的身體出來的，甲君在投胎爲乙君時已經變成爲乙君，所以他的生魂和覺魂就是乙君。只有天魂始終是由生命開始的那個天魂，它儲存了這個人的無數生命期累積下來的業，而輪迴的就是這個天魂。

「天魂、生魂和覺魂就對應了法身、靈身、肉身，地球人的法身，每時每刻都跟靈身相連，而靈身就每時每刻都跟肉身相連，如果這個連接中斷那麼人就會死。人死後天魂會自然被宇宙生命起點收回去，覺魂向地心下墜，經歷七日，而生魂就守在肉體旁，七日後覺魂自動返回地面與守在肉體旁的生魂合而爲一，成爲一個魂，稱爲魂頭，這個魂頭就會等待下一期的生命，當有適合魂頭投生的機會，魂頭就會被自然收回與天魂結合，這三個合而爲一的就稱爲靈魂。但這一切是有自然安排的，沒有人知道要等多久，也沒有人知道是如何運作。」秋丘解釋給瑪雅聽。

「哇！你說了一大堆但我也是不太明白，好像有點複雜，概念有點深，跟地球流傳的那一套不大相同。」瑪雅笑著說。

「那有天堂與地獄嗎？」瑪雅很有興趣的發問。

「人死後的七天覺魂會向地心下墜，這是自然的規律，所有魂也一定有正負能量的跟隨，正能量清淨，負能量濁沉，死後七天先降地心與其他死後的覺魂相遇，由於生前的習氣和意識的影響，它們會相互發生衝突，這是純意識世界的衝突，直到這些負能量都消滅得差不多後，覺魂自然就會浮上地面，跟隨正能量的吸引與其他正能量的魂走在一起，它們相互間友愛互助，感到快樂非常，這就是宗教上所說的天堂。天堂地獄都是意識上的，是負能量聚集的衝突與各種殘酷和正能量聚集的友善與愛的集體意識。這七天（時間的七天在意識的感覺可是無量世的時間）就是宗教信仰所說的地獄與天堂意識。當正負能量都完全抵消或使用完畢，人的魂就會變回中性，這樣天魂、生魂和覺魂就會再次聚集合一等待下一期的生命。」秋丘慢慢解釋說。

瑪雅雖然沒有完全相信秋丘的話，卻忽然想起素桑常常說沒有死亡，或許應該說身體和意識是會經歷死亡，但天魂（我們本源的生命意識）不會滅亡，它是長在長存的，她突然覺得母親其實也不是那麼神神怪怪的，只是從來沒有好好了解一下她。

「那麼你聽完我說之後還要死嗎？」秋丘問瑪雅。

6

死亡的騙局

死亡只是一個幻象，死亡只是屬於身體的，意識沒有死亡，它只是欺騙你，讓你相信有死亡存在。如果你可以讓自己的心識跟宇宙的本源意識結合，你甚至可以選擇不需要身體，在亞米以霍合星有一個神聖的地方，讓這些與本源結合的神識停留，直到他們完全沒有個別的神識。千萬不要懼怕，恐懼會把你帶到絕望的深淵，讓你忘卻你就是本源。

「你怎麼知道我要死？」瑪雅問秋丘。

「我感覺到你身上的氣息。」秋丘說。

「死亡的氣息嗎？」瑪雅裝作若無其事的說。

「不是，是那個屬於你本源星球的生命氣息。」秋丘繼續說。

「怎麼可能？我從來沒有覺得我是從別的星球來的。你有所不知，從小我就有一種突如其來的感覺，它們就像一種襲擊，會讓我突然間不知身在何方？不知自己是誰？甚至忘卻自己的名字。我既能看到肉眼所見的，也同時看到另外一個未知的空間影像，與其說是影像倒不如說是看到的感覺，那不是實在的，好像是兩個維度的重疊……素桑叫我呼吸、冥想，卻一點用也沒有，根本沒有人明白我的感受。每一次我在能量襲擊的時候都很害怕，全身發抖，我用盡方法也沒辦法走出來，然後過了幾分鐘它就自然完結，但我已經用盡全身的氣力。我沒有辦法走出這種恐懼和絕望，我眞的很累！死了不是很好嗎？至少我不用再受這種折磨。」瑪雅有點筋疲力竭的說。

「素桑也有帶我去看過什麼神經科，做過不同的測試，有些神經科醫生說是有癲癇，要吃三年不知名的西藥，有些說沒有事，以素桑的性格一定不會讓我吃西藥，西醫的病理學亦會診斷爲抑鬱、壓力、離解。素桑會帶著我見不同的醫生，自然療法、中醫、能量治療師、同類療法、量子療法，各式各樣，可是我覺得這些都是沒用的，因爲我根本不相信這些。她還特別請一個自己治癒癌症的朋友來教我氣功，可是我就是不相信這些辦法……之後我覺得自己不好看，又蠢又胖，總之什麼都不好！」瑪雅一口氣把話說完。

秋丘看著眼前這個女孩，十六、七歲濃眉大眼，一臉混血兒的模樣，非常漂亮，約一七五公分高，笑起來時全世界也會爲她笑，但眼神總有一絲不能形容的無奈，彷彿活著是很累似的。她對自己毫無信心，苛刻地批評自己，她正值生命中最開心的時候，但卻無端的被剝奪了。這也許是這一代年輕人對生命的態度和感覺，是因爲網際網路各種社交群組，讓一個年輕人應該學習與眞人溝通的機會減少，還是這些問題一直存在，只是現在更變本加厲呢？

「素桑有跟你說過你是從哪個星球來的嗎？」秋丘漫不經心的問。

「從來沒有，說了我也不會相信。我跟素桑不一樣。」瑪雅倔強的回答。

語音未落，秋丘輕輕喚了一聲卡卡鳥，不消片刻便看到卡卡鳥從遠方飛來，其實這樣看來，卡卡鳥眞的很像一隻鳥，完全不像飛船或半鳥半船，現在船艙的門打開，她們坐在卡卡鳥的船艙，不再是牠身上。

「爲何現在的卡卡鳥是一艘飛船？」瑪雅好奇的問。

「因爲你已經知道牠是一艘飛船！」秋丘調皮的說。

「那麼大鵬金翅鳥是眞的有其鳥還是只是飛船？」瑪雅繼續問。

「是眞有此鳥的，只是我們後來把牠們改良變成半鳥半機器。」秋丘回答說。

「他們都說你是靈獸挑選的女孩，其實靈獸只是公主的坐駕。我們現在要去哪裡呢？」瑪雅說笑道。

秋丘沒有理會瑪雅選了行線便全速前進。她們並不是留在撒莫悉麗巴拉星，卻飛到一處連接星門的地方。這個地方空曠得像個沙漠，四周圍光禿禿一棵樹都沒有，天空還是一樣的藍，秋丘發出了一些音頻，有些音調很高有些已經不在人類能接收的範圍內，見她一雙手在舞動傳送了一些符號將星門打開，星門打開的時候，有吸力把她們吸進去，卡卡鳥就順勢飛進去。瑪雅看到飛船並沒有到達別的星球，反而是停在外太空。太空之外如果沒有飛船的照射是漆黑一片的，也不像電影裡面看到那麼漂亮，相反這裡的感覺是靜止的，沒有前進沒有後退，時間也好像停頓了。突然間瑪雅看到有另外一隻飛船，船身很殘舊好像剛經過了一場大戰，裡面不知道有沒有人。

「你看清楚裡面有什麼？」秋丘對瑪雅說。

瑪雅感到這個場景有點熟悉，但當時沒有細想，就感覺到自己已經在太空船裡，她看到船裡面有幾個人形的生物，估計他們是來自別的星球，但已沒有生命徵兆，它們似乎在太空已經航行了很久。突然間瑪雅好像很熟悉這裡的一切，甚至能感受到他們的關係，明白他們爲何在飛船上。他們是爲了尋找一個新的星球讓自己的星族人可以移居，因爲氣候轉變，磁場變更，導致很多星人和動物死亡，糧食嚴重不足，水源消失。瑪雅看著覺得跟地球的情況十分相似，只是他們已經到了不能挽救只能往外開拓新居所的地步。他們去過很多星球但都沒有找到適合的地方，星球的聯絡已經中斷，可能星球已經毀滅。他想自己可能是亞米以霍合星唯一的生還者，但他感覺這也不會是太久的事。大飛船已經沒有燃料，雖然他們是使用一種晶石作爲燃料，但經過那麼久的航行又沒有補給，現在只能駕駛小型飛船，當然這也不見得能飛行很久，每一顆晶石大概可以用三年，這就是最後的三年了，如果在這三年內能找到一個能棲身的星球或許能活下去，但整個星族只剩下他一個人，他的悲痛和絕望是難以撫平的。他把很多小型的丸狀物體，可能是水、食物或藥物放進小型太空船，自己一個人駕著小型飛船離開。他再三的回顧船內的人，感覺十分不捨，但最後還是孤身上了小船。

瑪雅完全可以感受到這個人的落寞和孤寂，在偌大的太空竟然只有一個人在飄浮，只是它好像一直找不到地方降落，所有食物和水也用完。他的生命一點一點的耗盡，孤獨的感覺是永恆的，他永遠走不出這太空……這種無助、永遠走不出來的感覺，就是瑪雅每次受到能量襲擊時的感覺。天地間只有一個人的恐懼，留在太空船與離開的結局都是死亡。生命看不見曙光，只是無盡的等待與死亡。他沒有怨恨，相反只是希望能早日跟死去的家人朋友重遇。

如果在他們的星球死亡，死者的肉體死去後，靈魂能保存在一個地方，直到適合的身體出現再次重生，但現在整族人只剩下他一個，回來還有意義嗎？如果家鄉沒有徹底毀滅，或許族人們能重生。他抱著最後的希望，按照已定好的死亡步驟靜待死亡的一刻，在家鄉他們會潔淨身體，去到七色殿堂，這個殿堂是用星球上的七色寶石所建，當人躺在一張透明清澈的冰晶床上，陽光會透過七色寶石的光照射到這個人身上，光會把身體的光頻調節讓人減低死亡的恐懼和痛楚。這樣，當死去的一刻，身體可以整個轉化成彩虹留在他們星球的另一個維度，繼續學習直到適合他的身體和需要再次轉生的理由出現。他的族人在同伴死亡前會圍著他們唱歌，用音頻把他這一生的負能量清洗，歌聲有點像海豚的叫聲。現在瑪雅只能用已預留的聲頻放給自己聽，但是恐懼和孤寂的感覺圍繞著她，把她緊緊的纏著。

他死亡的時候由於沒有七色寶石房間和冰晶床，所以靈魂沒有辦法化成虹光，留在另一維度繼續學習。靈魂像地球人一樣被分成三部分，天魂、生魂和覺魂，天魂按照自然規律直接被生命意識吸收，也把這星族人一生所有的感覺一併接收，那些對生命的態度，在無邊黑暗太空裡絕望的感覺，一併留在這個天魂裡，等他能再次投生的時候，這些感覺只要有觸發點就會爆發。雖然他的原生星球不是地球，但當他轉生到地球的時候，就會按地球輪迴的規則，直到他能找到本源的星球或更高的生命體與之連接，才能脫離地球人方式的輪迴和掣肘。

他的生魂一直往下沉，身體像千斤鉛重一直往下墮，身體每一部分的死亡都會有不同反應，有巨響、光、感到灼熱、千斤重、羽毛輕。

當時的瑪雅覺得十分害怕，因爲這並不是老師教導死亡時的情況。他們的星球從小孩開始就會教導如何面對死亡，死亡是什麼？爲什麼會死亡？這些是生命的基本學科。從小一直學一直練習各種面對死亡的訓練，如何調心、把死亡時散亂的精神集中成一個點，隨著彩虹光保留在天魂的意識裡，所以他們是不會忘掉在不同生命裡的事情和經歷的。亞米以霍合星人的壽命很長，可以是幾千到幾萬年，死亡只是因爲身體會崩壞要等另一個適合的身體出現。當恐懼出現的時候，生魂就會被牽引，意識會跟相同頻率的其他生魂會合互相發生撞擊，這就是人類所說的地獄，他們會在這裡把意識上的負能量抵消，當負能量減少的時候，身體就會變輕慢慢的浮上來，然後生魂就會接觸到相同正能量的生魂，經歷一段平靜、愉快的時光，然後生魂會去到一個平衡點，在這裡沒有正負能量，這時如果適合的身體準備好，天魂、生魂和覺魂會再次相遇，重組進入下一輪生命。地球人的靈魂是大致依照這個生命模式，但作爲一個亞米以霍合星人，瑪雅爲何會掉進這個模式？是否因爲她死前的恐懼和絕望，還是因爲藍圖裡會需要成爲地球人？這個答案只有在她跟原星族或源頭接軌才能找到。

瑪雅把一幕幕的影像和感覺看到心裡，一顆心有了一點曙光。

只要任何人曾經有過這種直接的體驗，便知道這裡根本不存在問題與懷疑，因爲在心裡面你對這一切的感覺很清楚，在這一場戲所扮演的角色是誰，角色扮完了還在執著那個扮演者的情緒，執著當時的感覺，讓它演變成今天的問題。

瑪雅看著秋丘心裡問：「就這樣簡單呢？」

「你就是你所想的，一切只是意識，連結天你會接到天的意識，連接地可以收到大地的意識，連接神就可以接到神與我們溝通的意識。只要你願意，你會發覺你是無盡的。身體會消失死亡這是三維世界的定律，由出生的第一步，就會有一天身體死亡，就算是你意識上返回本源，你的身體還是會按三維世界的規律走，這是不能改變的。你的意識在死亡的當下就必須要有一個很清晰和肯定的認知，你就是這不生不滅的生命意識，不管你是外星族人的身體還是星族地球人的身體，這一點不會變。」秋丘看著瑪雅一句一字的說出來。

當瑪雅聽到秋丘的話，突然間記起以前在亞米以霍合星的老師就是這樣說的：「死亡只是一個幻象，死亡只是屬於身體的，意識沒有死亡，它只是欺騙你，讓你相信有死亡存在。如果你可以讓自己的心識跟宇宙的本源意識結合，你甚至可以選擇不需要身體，在亞米以霍合星有一個神聖的地方，讓這些與本源結合的神識停留，直到他們完全沒有個別的神識。千萬不要懼怕，恐懼會把你帶到絕望的深淵，讓你忘卻你就是本源。七色光、冰晶石床和音頻會幫助你們過渡的時候減輕痛苦和恐懼，這樣就不會有負能量的產生。神識會處於一個平衡的狀態，這樣就可以選擇要重生還是放棄身體。」

「你知道嗎？其實你並不是唯一生存下來的族人，你的族人有一段很長的時間在地底裡生活，直到天氣環境再一次恢復他們才出來，他們找到大飛船卻找不到你，而你竟然成了地球人！你所說的能量襲擊，其實是因爲你族人的能量很高，他們的大腦極度開發，能同一時間在不同的地方甚至不同的維度出現，你用地球人的思維自然覺得這是一個問題，你只需要重新學習使用這種能量，並且不要把自己綁在地球人的這一個框框裡。讓你的生魂、覺魂，跟你的天魂接觸，你的身體雖然換了，但你的天魂還是保存了你所有資料的。」秋丘接著說。

這突如其來的一切讓瑪雅措手不及，她心底是相信的，因爲直接的感覺只有箇中人才能明白。瑪雅突然間覺得，原來星族人和人類並沒有什麼分別，大家都需要面對死亡的幻象，只是他們對死亡的認識比地球人深，所以從小可以學習如何面對死亡。她想原來人類最大的恐懼就是死亡，這似乎是源於他們對死亡有錯誤的認識，她突然間很想念母親素桑，因爲她一定會對自己的經歷有更多不同的見解。

「你好好在這裡休息一下。」秋丘說完就離開了。

瑪雅自己一人躺在那裡，想起剛才所發生的事，迷迷糊糊的就睡著了。夢中她看見很多親人朋友，在亞米以霍合星所發生的一切。過了不知多久就醒來了，頭沒有痛，跟隨了很久的孤寂感覺消失了，她什麼也沒有想，只是靜靜的躺在那裡。

艾璣喝了一口茶看著遠方的富士山，十二月的天氣東京沒有下雪，天氣好得不得了，她坐在酒店看著電腦，等開會，什麼地方也不能去，但心早就飛了出來。

兩天前公司突然說要派她到日本來開會，這已是這個月的第三次出差，紐約、韓國、日本，她快成了空中飛人，身體已經疲憊到不能接收訊息。曾經試過四天裡只睡了六個小時，而第四天是沒有合過眼簾的，想打坐，但一坐下來就睡著，身體不停的發出警號，似乎一個生活和工作上的重大改變是迫在眉睫的。要開會的同事也是從別的地方飛來的，因飛機誤點，艾璣竟然可以有兩個小時的私人時間，這是何等的奢侈。她突然想到素桑和洛娃去了婆羅浮屠好幾天了，一點消息也沒有，平日她們隔一兩天總會發個訊息，這一下子怎麼就好像失蹤了似的，雖然她相信她們一定是在宇宙的某個角落，經歷不一樣的生命。

上次她來日本是約兩個月前的事，那時她改動了很多工作行程才可以參加這個繪畫曼陀羅的閉關營。教曼陀羅畫的老師是義大利人，曾經是奧修的學生，常常在世界各地教授繪畫曼陀羅，指導學生如何使用曼陀羅作爲冥想之用，並在靜觀中面對自己，尋找本源。曼陀羅代表整個宇宙，最初由印度傳入，在梨俱吠陀中有提及曼陀羅在儀軌上的使用。（《梨俱吠陀》〔Rigveda〕——全名《梨俱吠陀本集》，漢譯名稱爲《歌詠明論》，是《吠陀經》中最早出現的一卷，成文於公元前十六世紀到十一世紀，印度古代吠陀以梵語集合讚美詩、儀式和神祕經驗。《吠陀經》是印度教的四種神聖規範文本〔ruti〕之一，除了赫梯語的文獻外，在印歐語系語言中是最古老的書籍，但一切只以口傳方式保存下來的。）

Yantra是曼陀羅的一種，是一個神祕的圖表，源於印度宗教的密宗傳統。它們被用於在寺廟或家中崇拜神靈；作爲冥想的輔助；是基於印度教占星術和密宗文本的神祕力量。特定的 Yantra 傳統上與特定的神靈相關聯。

除了印度教，曼陀羅也是藏傳佛教非常重要的修行方法。曼陀羅畫作可以在藏傳佛教中追索到四世紀，而現代最出色的曼陀羅沙畫就出現在不同的藏傳佛教的法會裡，四、五個僧人用幾天的時間將一幅曼陀羅用不同顏色的沙精準的繪出，這畫用一支小吸管，把彩色沙有條不紊的放在壇城特定的位置上。曼陀羅象徵著一個宇宙四面爲牆壁，牆上有四個大門通往外部世界，牆內中心則是本尊造像。壇城裡的所有諸天諸尊都有特別的位置和用意。在法會完成的時候就把整個壇城毀滅，讓人時刻知道有生有滅，不會執著於存在。艾璣曾經參加過時輪金剛法會，幾個僧人用七至八天的時間完成時輪金剛壇城，所有計算精確無誤，然後法會完結就把整個沙壇城毀滅。曼陀羅除了用來修習儀軌和禪定，亦能成爲一個保護罩，防止諸天魔眾侵入。

藏傳佛教的曼陀羅比較複雜，但世界上不同的古老民族其實也有類似曼陀羅的圖案，如印地安納瓦霍族人的藥輪。曼陀羅，它們所要表達的是：

一，生命的循環，以及從出生到死亡的道路。

二，把人、大自然和靈性以週期的形式合一。

三，一種與造物者連結的方式。

中美洲和南美洲的阿茲特克文化，使用曼陀羅的形狀來創造他們的大日曆並記錄宗教原則。這些南美洲的族人在祭祀和儀軌中，往往會用曼陀羅來保護他們或與神溝通。

伊斯蘭教蘇菲派的旋轉舞本身就是一個宇宙曼陀羅，梅夫拉維（Mevlevi）相信薩瑪（Sama）的目的是接近上帝，是

蘇菲旋轉舞

一趟通過心靈的聯繫拋開自我尋找眞相並達到完美的神祕旅程，透過音樂儀式、舞蹈和用旋轉的 Dhikr 來表達（Dhikr——是伊斯蘭教中的虔誠行爲，可用短語在心靈中祈禱或大聲反覆頌唱可蘭經文或神的名字）。

魯米（Jalal ad-Din Muhammad Balkhi-Rumi，十三世紀的波斯詩人，伊斯蘭神學家和蘇菲神祕主義者）在談到薩瑪時說過：

對他們來說是這個世界和
另一個世界的薩瑪。
對於在薩瑪圈中的舞者來說更是如此
誰在他們中間轉過身來，
是他們自己的克爾白（Ka'aba）（克爾白——位於麥加大清眞寺中心的一座方形石頭建築，是穆斯林最神聖的地方，祈禱時他們必須面向這個地方。據稱它位於由亞伯拉罕建造的前伊斯蘭教的聖地上。）

For them it is the Sama
of this world and the other.
Even more for the circle of dancers
within the Sama
Who turn and have, in their midst,
their own Ka'aba

至於易經的八卦、猶太教的大衛星（雖然很多學者認爲大衛星並非猶太教的產物）、凱爾特人（Celts）的 Triquetra、日本的 Musubi Mitsugashiwa 是相同的圖像。而 Triskele 或 Triskelion 是由三重螺旋構成的主題，呈現旋轉對稱，也可稱爲三曲腿圖，Triskelion 是西西里島的傳統象徵，這個島也被稱爲 Trinacria。德魯伊三葉草（Druids Shamrocks）：在凱爾特神話中，德魯伊具有與眾神對話的超能力，他們是僧侶、醫生、教師、先知與法官，他們傳揚靈魂不滅以及輪迴轉世的教義，在凱爾特社會中地位崇高，階級僅次於諸王或部族首領。德魯伊三葉草和古愛爾蘭三葉草還有高盧（古時歐洲一帶土地的統稱，包括法國、比利時、荷蘭南部、德國西南部和義大利北部）和 Valknut of Noose。（Valknut 是由三個互鎖的三角形組成的符號，而 Noose 則是北歐—斯堪的納維亞，包括挪威、瑞典、丹麥、芬蘭和冰島。Valknut 也稱爲奧丁的三角，這三角代表過去、現在、未來，並能把命運編織，也有一個稱爲奧丁的尖角 Odin's horn。）

這些民族都有一個跟「三」不能分割的符號，其實這些也是曼陀羅的一種。

當艾璣的思緒遊走於世界上不同古老民族對曼陀羅的使用，不難發覺很多的意思是同出一轍的。至於後來的基督教也是以聖父、聖子和聖神三個合而爲一來取代古代印歐民族的信仰。似乎這個世界曾經有一些符號或圖騰，是從遠古就有的。Alvin Boyd Kuhn（一八八〇至一九六三年）在《這個榮耀之王是誰》一書中有提到：「基督教在第七、第八、第九世紀在北歐取代的先行宗教一直流傳下來，只是後來被改頭換面變成了另一個宗教。凱爾特人、德魯伊教徒、條頓人和挪威人的民族和文明，反過來被滅絕，當狂熱的虔誠主義的毀滅之手封殺並粉碎他們……」

艾璣突然間想到其實曼陀羅可能不只是一個紙上的壇城，它可能也是一個地方：須彌山。在印度教神話中的它是一座金色的山峰，位於宇宙的中心，是世界的軸心，眾神的居所，也是印度教、耆那教和佛教宇宙學的神聖五峰山，被認爲是所有物質、非物質和精神世界的中心。雖然這座山的確實位置沒有人知道，有說在克什米爾，有說是爪哇的塞梅魯火山（Sumeru）。

根據 Tantu Pagelaran（這是一種在十五世紀 Majapahit 時期，用卡維語寫成的舊爪哇手稿），其中提到有關這座神山，以及描述塞梅魯山和爪哇島結合的傳說。手稿解釋說，巴塔拉大師（濕婆）命梵天和毗濕奴用人類填補爪哇島。然而當時爪哇島在海洋上是自由漂浮的，總是翻滾和搖晃。爲了阻止島嶼的移動，眾神決定通過 Jambudvipa（印度）把 Mahameru 釘在地球上，並將其附加到爪哇。這就成了塞梅魯山，是爪哇最高的山峰。

印度教和耆那教認爲須彌山並不在這個維度裡，但這座山在佛教和印度教的出現形式就是一個曼陀羅。當年艾璣在尼泊爾旅行，開車上博卡拉和平塔山頂，遠看費瓦湖和喜馬拉雅山脈的安娜普納峰群。看著白雪皚皚的峰群，八千多公尺，綿延數十公里，那時的導遊有說過須彌山可能就是座落在這裡，現在突然想起來，在印度教文本中存在幾種宇宙論。其中一種曾描述須彌山的東部爲曼德拉查拉山，西部的蘇帕薩瓦山，北部的庫姆達山和南部的岡底斯山，這裡每一座山峰都可以成爲一幅曼陀羅，把你帶進平常無法接觸的空間，除了這些，我面前的富士山又是否是另一幅曼陀羅？

這座位於日本富士箱根伊豆國立公園的富士山，是一座橫跨靜岡縣和山梨縣的活火山，位於東京西南方約八十公里，主峰海拔三千七百六十六公尺，是日本最高的山峰，在日本很多城市也可以看到富士山。如果在天空中看下去，會見到一個白雪的山峰，但頂部是黑黑的火山洞口，富士山上一次爆發是一七〇七年，之後仍探測到有火山性的地震和噴煙，雖然地質學家把富士山定爲活火山，但相信爆發風險很低。富士山旁除了近處的湖泊，還有不同的鄉村城鎮層層圍繞，在鳥瞰下就像極了一個曼陀羅。富士山的其中一個傳說是一個斬竹人在竹林裡面找到了一個嬰兒，她長大後成爲一個漂亮的女孩，皇帝很喜歡這個女孩，但原來這個女孩來自月球，最後她和她的族人一起回去了。皇帝寫了情書，並將它們在富士山頂焚燒，與女孩交流。艾璣猜想這個故事說的難道是一個星族人與地球人的愛情故事？或許她並不是來自月球，而是在漆黑夜空中的某個星球。

去年她跟著曼陀羅老師去爬富士山，前一晚他們就在吉田路線的半路山小屋落腳，然後大概半夜一點開始出發攻頂，日本的日出大概在早上四時三十分，從山小屋到山頂約兩個小時，如果要到看日出最好的位置劍鋒，還要多走一個小時，所以半夜一點開始出發剛剛好。由於他們爬山的時候不是週末，所以上山的人不算太多。艾璣跟著老師一行七個人徐徐沿著小路蜿蜒上山，剛開始走路的時候艾璣有點喘不過氣來，後來她自己慢慢調順心息，將意識轉移到呼吸上，慢慢身體的腳步跟呼吸對齊，剛開始走的時候還有點吃力，而且周圍比較黑，所以精神有點緊繃，到後來眼睛適應了，倒覺得在黑夜前行也看得很清楚。艾璣有時會聽到山裡面傳來轟隆轟隆之聲，剛開始她覺得可能火山要爆發了，但過了一會又什麼都沒有發生。她問在旁的同伴有沒有聽到山裡面傳來的聲音，這時老師也說：「沒什麼，就是大地之聲……大家不需要大驚小怪的！」說罷老師繼續往前走，雖然艾璣心裡還是有一大堆問題，但爲了不落在後頭，就只有跟著大隊前進。再走了大概十五分鐘，其中一個團員提議休息一會，所以大家就在原地坐了下來喝喝水。

艾璣抓緊這個機會走到老師身旁問：「老師，請問那些真的是大地的聲音嗎？是不是地底有些不爲人知的活動？」

老師調皮的笑笑說：「你到那棵樹下休息一下再聽聽，然後回來告訴我。」

艾璣正要過去大樹旁，卻看見有兩個有角的蛇頭人身和一條長長尾巴的生物從地底上來，他們比地球人高很多，應該有七、八公尺，皮膚灰灰綠綠像有鱗片似的，感覺很硬。艾璣想難道這些就是傳說中的蜥蜴人？她正想告訴老師，但蜥蜴人發現艾璣能看到他們覺得十分奇怪，於是向艾璣那邊走過去，艾璣想逃走但雙腳像被下了釘一樣不能動彈。

他們慢慢走近，艾璣有點緊張，但慢慢回過神來覺得自己並沒有什麼危險，而且也有老師和幾個同學在，應該不會有什麼問題，於是她調整一下自己。當這些蛇頭人走到艾璣身旁的時候，她已經給自己做了一個能量保護網，因爲曾經有人告訴過她，蜥蜴人很會使詐，會變成任何模樣，又能用念力改變人的思想。蛇頭人在艾璣身旁打量一下說：「請你跟我們來！」艾璣看一看老師，發覺老師也正朝這方望，然後點頭，於是艾璣就跟著他們往樹的方向走去。他們在樹後像按開關按鈕，開了一道泛起紅光的門，走進去後門便關上。艾璣回頭看老師和同學，只見老師看著她，同學們根本不知道她離開了。

她本以爲踏進這個地方會陰冷陰森，沒想到過了這紅光保護牆，後面是一個燈火通明現代化十足的軍事基地。艾璣跟著蛇頭人走，看到很多個要帶她進來的蛇頭人，他們在進行各種訓練，這個地方大到像是沒有盡頭，或許地底就是沒有盡頭的。他們進入一個很大的房間，房間的地下是透明的，四邊也是透明的，也就是說這個玻璃箱六個面都能看到外面，這個箱很大，裡面的陳設很簡單，中間有幾張椅子和一張圓桌，玻璃箱以很慢的速度在移動。蛇頭人叫她坐下然後就出去了。從這個角度看下去比在地上看得更清楚，這裡是一層一層的，從這裡看可以看到不同的部門、飛船、太空船、母艦，還有一些個人的小型飛球，也有一些看上去是隱形的裝置，他們在檢測讓這艘飛船時隱時現。艾璣想這些飛船能避過所有探測儀和肉眼，這應該是他們的部分飛行部隊。

「是的，你想的沒錯。這正是我們的飛行部，這是做改良的地方，正式飛行部門是很大的，不會只有這些少少的設備。」有一個聲音從後揚起。

4
7
2
3
8
6
7
5

7

蜥蜴人是敵是友

艾璣記得念大學的時候，對地質學是十分有興趣的。（日本是跨在四個板塊上的，日本南部就是菲律賓海板塊。菲律賓海板塊跟歐亞板塊之間，發生許多地震，其中最可能成為震源的，是在四國南邊海底水深四千公尺級的「南海海溝」，幾乎每一百年至二百年便發生規模巨大的地震；最近的一次南海地震是一九四六年，超過七十年了，也因此推斷已經非常接近大地震的發生時間了。）所以新聞報導日本、台灣在不久的未來會有大規模的災難，也不是憑空白說的。

艾璣朝發出聲音的方向望，是一個身形魁梧的蛇頭人，他頭上有巨角，眼睛是紅色，披著硬硬的藍綠色鱗片像盔甲，赤腳，爪尖銳如刀，如果剛才見的是士兵，這個就一定是將軍。

「我是費克將軍，是薩巴克施星球來的，你們稱我們為蜥蜴人。」費克將軍有點嚴肅的說。

「眞的是蜥蜴人！那我爲什麼在這裡，你們又爲什麼在這裡？」艾璣不太自在的說。

「相信你對我們是有些誤解。很多人把我們寫成壞人，說我們兇殘、冷血、無心，生存只爲了搶掠，還會讀心，迷惑人，改變你們的心智，也可以隨時外形轉移像現在這樣，對嗎？」費克將軍語音未定，就在艾璣面前變成一個英俊高大、白皮膚藍眼睛、風度翩翩的中年男士，驟眼看來就是一個受過高深教育、儀表出眾的西方人。

艾璣目瞪口呆的看著這個變化，頓悟人就是會被外形所迷惑，任何人在街上看到這個人都會被他吸引，最小的警戒心也會放下。艾璣起了戒心，警惕不要被他們左右了思想。

「你放心！如果我們要左右你的思想就不會請你來，不用讓你看我們的大本營。我們是希望你能以第一手資料了解我們，不要只從別人口中聽到關於我們的種種不是。很多資料都說我們十分邪惡，具有靈力，也說我們是爲了統治地球常策動戰爭。如果你有時間，讓我把薩巴克施星球的故事說給你聽，這是我們第一次對地球人講述我們的故事。」費克將軍有點唏噓。

艾璣心想時間並沒有很多，大夥兒應該開始往山頂出發了，但看來不聽他說完也不會放行，就抱著既來之則安之的態度，看看是為了什麼蜥蜴人會把她請來。

「好，你說吧！不知道有沒有時間，因為老師和朋友都已經繼續上山了，但你既然請我來，我就姑且把你的故事聽完吧。」艾璣說。

「謝謝你！薩巴克施星球是在這個銀河系遙遠邊際的一個星球。對很多星族人來講，我們的星球並不美麗，表面都是沙礫岩石，地表乾涸，而且整個星球都是火山，有活躍的、有休眠的、有熔岩，所以我們的身體溫度比較低，鱗片也可以抵禦乾燥的天氣，因為要常常在這種酷熱的地方生活。另外我們的眼睛有遠紅外線功能，但不能常常留在日光之下，我們的腦結構跟地球人是不同的。

「第一，我們族人不需要語言，每個人都可以知道其他同伴的思想，我們互相沒有祕密，同時我們十分忠於自己的族人。我們的族人最初是完全沒有移居到別的星球的念頭，剛開始的時候，由於我們星球上火山的爆發十分頻仍，有些族人希望移居到別的地方。當時我們的科學水平已能在太空旅行，亦可組織勘探隊伍到別的星球，看看能否找到適合的地方居住，但我們的科技還不能到別的維度。由於我們適應能力很強，基本上去到任何一個地方都可以生存下來，我們去過很多個星球，包括地球人熟悉的天狼星、昴宿星、獵戶座裡面的星球，當然還有德拉科星座，銀河系很多星族並不喜歡我們，我們刻苦耐勞，最初他們只會給我們一些很差的地帶生活，或幫他們做一些苦力來換取資源、能源。後來慢慢的這些星球對我們越依賴，我們很快就掌握如何操控他們的方法，這樣一個又一個的星球讓我們住下來繁殖變得更強大，但我們從來沒有毀滅過任何一個星球，大家用自己的方法去生活，有一些星球對我們比較禮遇，讓我們參與他們的運作和決策，我們亦替他們成立軍隊。我們族群中有些天生的戰士，他們強壯，戰鬥力強，也能洞悉敵人的戰術，所以我們戰無不勝，我們每接管一個地方就會把一些我們的族人遷移到新的地方。當這個星球的能源被我們消耗完之後，我們就會到另一個新的星球。

「我們的食物就是能量，火山爆發的能量，海嘯的能量，每個星球原本所帶有的地下能量都是我們吸取的食物。但我們發覺每當我們移居去一個新的星球，和其他星族人通婚，身體上某些能力會減退，例如他們不能外形轉移，蜥蜴腦的部分會縮小，脊髓、血液、DNA都會改變，而且也會將不同星族人殘留在新一代的體內，他們的身體變得軟弱，因為不能再活在那些惡劣的環境，他們只能想盡辦法去奪取別人的東西而變得貪婪，我們的思維也開始改變，雖然很忠於自己的族人，但對別的種族就不再和平相處，稍對我們不服從者每每要受到懲罰，慢慢我們也成了臭名遠播的魔頭。」費克將軍說。

「你說了那麼久，其實這些跟我有什麼關係？蜥蜴人的大名我們都知道，只是沒有見過。」艾璣摸不著頭腦。

「還有一點是你不知道的，薩巴克施和其他星族人交配往往會很快死亡，本來我們族人的壽命是很長的，以地球人的計算方法動輒幾萬歲，和其他星族人交配後壽命不到以前的百分之一，這對地球人來說還是很長，但對我們來說就太短了。若繼續這樣，純種的薩巴克施終將滅亡，所以首要條件是保存我們族人的純淨，不能與外族通婚。當我們大概在三百萬年前來到地球的時候，那時地球還是有很多星族，並各自保留了一些領土來居住，例如我們會留在這個維度的地底和火山區，到後來因為氣候改變，出現不同的冰河時期，隕石墜落導致火山爆發和海嘯，很多星族人相繼離去。我們有一段時間反而成為了地球上唯一的高智生物，你們很多神話裡有我們，我們就像神一樣。」

當費克將軍說著說著，艾璣開始想起了很多遠古民族，一些爬蟲類人形的圖畫、石雕。這些其實早就根植在人的心裡，只是我們只把它們看成是神話。

艾璣想起在舊約聖經「創世記」中，上帝懲罰蛇，因爲牠欺騙夏娃吃了分別善惡之樹的果實，祂說：「你要用你的肚子走路了，而你每一天的生命都要吃塵土」（創世記 3:14 KJV）。可能這些蛇原本是能走路的才會這樣說。在墨西哥猶加敦的 Chichen Itza 的庫庫爾坎神廟的樓梯就有一尊羽毛蛇的石像，庫庫爾坎（Kukulcan）是瑪雅人崇拜的羽毛蛇神。阿茲特克的羽蛇和托爾特克的瑪雅神 Gucumatz 被描述爲一條幫助人類開悟的「智慧之蛇」。這三個可能是相同的神只是冠以不同的名字。關於羽蛇羽毛蛇神的記錄，在公元前一世紀或第一世紀的特奧蒂瓦坎（Teotihuacan）時候已經有記載羽毛蛇神的崇拜。在美洲的原住民霍皮人（Hopi）曾經記載一種生活在地底的爬蟲類人形的種族叫被攝體，也稱爲「蛇兄弟」。至於切羅基（Cherokee）和其他美洲原住民也提到過這些爬蟲類人形的種族。

在前哥倫比亞神話中，Bachue（原初女性）變成了一條大蛇。她有時也被稱爲「仙蛇」（Celestial Snake）。

艾璣突然覺得這些蛇形爬蟲類人跟人類有很長的歷史，記得幾年前去夏威夷的時候，不知是否因爲火山的關係，有很多人都在這裡碰見過蜥蜴人的記錄，當時她在莫納克亞（Mauna Kea）天文台碰見過一個科學家，他說在那裡曾很多次碰見過這些蜥蜴人，也說他們很特別，而且這也不是什麼新鮮事，很多人都見過。這個位於夏威夷島的莫納克亞山峰，是世界上最大的天文觀測台，由十一個國家的天文學家操作望遠鏡。根據他們的官方網頁，莫納克亞望遠鏡的聚光能力是加州帕洛馬爾望遠鏡的十倍，是世界上最大的望遠鏡，是哈伯太空望遠鏡的六十倍。這裡就是跟宇宙溝通的最好地方。

目前在莫納克亞山頂附近有十三個工作望遠鏡。其中九個用於光學和紅外天文學，三個用於亞毫米波長的天文學，一個用於射電天文學。它們包括世界上最大的光學/紅外望遠鏡（凱克〔Keck〕望遠鏡），最大的專用紅外望遠鏡（UKTT）和世界上最大的亞毫米望遠鏡（JCMT）。極長基線陣列（VLBA）的最西端天線位於距離基地兩英里的較低處。

依據那位科學家的解釋，由於這裡非常乾燥，所以沒有雲，這對測量來自天體的紅外線和亞毫米輻射非常重要，另外莫納克亞上方大氣層的特殊穩定性比其他地方更適宜做詳細的研究。再者，由於整個夏威夷城市燈光的距離和島嶼照明條例確保了一個極其黑暗的天空，可以讓觀察家看到宇宙邊緣最黑暗的星系。是的，艾璣記得這片天空跟西藏和亞馬遜河的天空，她開始發現自己對夜空的獨特親切感，好像看到夜空就看到親人一樣。

還有傳說中的第一個希臘的雅典國王，據說是半人半蛇。古老的泰坦和巨人有時被描繪成帶翅膀的人類，但下身如蛇而不是腿。Boreas（羅馬人稱爲 Aquilon）是冰冷北風的希臘神，被 Pausanias 描述爲一個有翼的蛇腿人。古印度所說的一個叫 Naga 的種族，也是人身蛇尾的。在印度的泰米爾納德邦（Tamil Nadu）的馬哈巴利普蘭（Mahabalipuram）有一塊很大的石刻，人稱 Arjuna 的懺悔（Arjuna's penance），可以很清楚看到在中間有兩個人身蛇尾的形象破石而出。另外在南印度的科納克太陽廟（Konark Sun Temple）也可以看到人首蛇尾的雕像。還有中國的女媧，根據東漢文獻記載，女媧是伏羲的妹妹，人首蛇身，還有水神共工，掌控洪水。人面蛇身，人手赤髮……

在非洲，有些巫師稱有一個爬行類人族 Chitauri，認爲他們控制著地球。還說這些

Chitauri 創造了他們並用他們來開採金礦。此外，古埃及神索貝克被描繪成一個鱷魚頭的男人……

艾璣覺得自己的思維一直徘徊在世界上，所有關於人首蛇身的傳說好像有點不對，神話上面所說的跟面前所見所聽的不一樣，於是把思維收回來，打量面前這個蜥蜴人。

「你們就是世界各地上古時候或神話流傳下來的人首蛇身的神嗎？」她直截了當問。

「不是，剛才在你腦內閃過的，有些是我們的，有些是另一個外星族群，他們不管在能力和靈性都在我們之上，比我們早很多來到地球，我們正式和人類打交道不過是這幾十萬年的事。人首蛇身的是卡魯克族，他們能以蛇身或人身出現，當然不是在地上爬而是能不被地心吸力影響在半空停留或移動，這個星球是依源頭的直接規律而行，他們也是心懷大愛來幫助地球的。每一次他們的出現也會給地球帶來一個新的秩序。」費克將軍毫不隱瞞的說。

「那麼現在出現的，大家盡量避之則吉的蜥蜴人是你們嗎？在網上流傳著很多流言，說歐洲的皇室，美國歷代很多的政治家、總統、名人他們很多是蜥蜴人，當然也有很多和光明會扯上關係。」艾璣反問。

「是，又不是，我不能告訴你誰是誰不是，因爲這會爲他們帶來危險，也危害我們整族人的安全，你所說的大部分是經過與其他外星族和地球星族人交配的後代，而不是純種的薩巴克施人。他們擁有人類的軀體，有一些可以外形轉移，但大部分不能，要看是哪一個星族人跟我們交配的後代。基本上跟地球人交配的是不能外形轉移，他們腦部的爬蟲腦部會縮小，脊骨的底部會多一塊骨頭，血液呈 RH 型，眼睛是綠棕色，視力和聽力極好，有傳心的能力，也能靠感覺預知危險。他們在交配的時候把人類的貪婪、狡猾、心思全部接收，但亦把人類追求靈性、渴求得到解脫的心一併收起。」費克將軍說。

「那你是說現在的蜥蜴人會變成現在這樣是因爲人類的關係。依你所說，現今的蜥蜴人是因爲跟地球星族人交配才會變成這樣？還是他們的 DNA 被修改過，讓他們變成一部侵略的武器？」艾璣問。

「第一，所謂交配不一定是身體接觸的，有些只是像地球的試管嬰兒，我們的確爲了做試驗而用各種方法（有時候會誘拐，或是他們以爲自己在夢中，亦會控制他們的大腦思想），取得地球人的精子或卵子與我們的族人交配。第二，有時異族戀也是會發生的，所以也會出現身體接觸的交配。第三，有時候雙方也不知道身體是帶有蜥蜴人血統的，這一種就是現存在地球最多的，他們往往有很明顯的雙重性格，表裡不一，對身體/體能的要求很高，競爭能力強，爲了達到目的不擇手段，雖然他們不一定能全然讀心，但很多時候這些族人也有很高的心靈能力，覺得其他人都應該受其操縱，他們也有其人性一面，只是地球人現在正經歷一個內心爭鬥期，他們對善惡、好壞的觀念有些矛盾，這樣這些第三種交配的人種既不是蜥蜴人也不是地球人，他們是一個新的種族，由於本來的DNA已經混合了很多不同的星族，所以他們是可以成爲一個更強更偉大的星族。你想想身邊有沒有這些人，他們可能一生也不會知道自己是蜥蜴人，但有一些（不是全部）能夠接收到我們發出的訊息，並會聽從我們的命令。」費克將軍繼續說。

「地球蜥蜴人的DNA沒有被修改過，只是因爲地球人本身的DNA已經是有很多不同星族混雜，所以會出現很多變種（這一點在《我們都是星族人0》有詳細解釋過）。至於機器改造蜥蜴人是有的，但這些是士兵，專門用來做軍事用途。你們地球上有些強國也擁有這些機器改造蜥蜴人，這些軍隊比普通地球人的軍隊強上何止百倍？你剛剛看到的就是這個軍事大本營。」

艾璣聽後不知道該如何應對，但爲什麼要告訴她這些？這些與她何干？「你是說有很多機器蜥蜴人在這個基地裡？」艾璣提高了警覺的問。

「不只是在日本這裡，在地球上有超過一百個這些地下基地，有些是跟我們合作的，而有些也跟其他星族合作，總之不同國家有不同的星族勢力。」費克將軍說。

「哇！你這樣說的意思是地球早就分割了不同的星族勢力，而地球的政府首長是知道的。雖然你這樣說我並不奇怪，但確實沒有想到原來已經發展到這個地步！那你爲什麼告訴我？」艾璣嘆了一口氣說。

「實不相瞞，這次請你來的目的是希望你和你的姊妹能幫忙集合這些第三類的新品種，他們必須要清楚自己身上所帶有的能力和特質，他們所能肩負的責任，因爲地球除了天然災害，人爲的天然災害（溫室效應、空氣污染……），還有人爲的戰爭、搶掠，不人道的統治，還有不同的外星種族以思維的方式來統治你們。你剛才看到在富士山下的灰霧就是一種精神阻壓劑，它會讓人類的正確思維遭到蒙蔽，這是你們在地球上的幾個政府跟一些對地球有野心的外星族研製出來的，目的是讓地球人最終自動放棄保衛地球的權利。只要地球繼續這樣下去，必會自行毀滅，到時候這些星族就可以接管地球。」費克將軍語重心長地說。

「地球人不是受銀河聯盟所保護的嗎？其他外來星族不是被監控不能侵略地球，甚至不能接觸地球人或以思維改變我們的思想的嗎？為何你現在危言聳聽呢？」艾璣有點不耐煩。

「我的朋友，銀河聯盟說的是不容許外星族人接觸你們，可沒有說不准地球人接觸你們，這些管治你們、改變你們思想的是地球星族人，跟外星族接觸的地球政府高層和背後的無形手，很多都是星族人的後代，有蜥蜴族、噶桑族、羽翼蛇族、撒以馬族……對地球虎視眈眈的外星族人用的是地球人的身分，所以銀河聯盟不能插手。」費克將軍說。

「將軍，有一點我不明白，你為什麼要告訴我？為什麼要幫地球人？你們不也是來侵襲的嗎？」艾璣咄咄逼人。

「第一，在你的 DNA 內曾經有過我們薩巴克施星球的血統，但你最後以源頭之力將其淨化，讓你的能量得以跟源頭能量融合，你融合時所爆出的能量讓整個薩巴克施族都能感受到，我們希望在能量上可以提升可以進化，慢慢我們接收到一些來自高階星球的訊息告訴我們，如果要能進階，就要幫助地球度過這次難關。第二，在地球的蜥蜴人很多是已經混種或是不知道自己有薩巴克施族血統，所以在過程上如果他們發現自己有蜥蜴人的血統，可能會造成迷惘或創傷，所以我才來找你，希望你們能讓地球人對我們重新了解。至於在各國政府面前我們只充當一個監察和顧問的角色，防止更壞的事情會發生。剛才你見到的軍營是我們設置在地球作爲保護地球的最後一道防線。」費克將軍終於說出個所以然來。

這個答案對艾璣來講也是需要消化一下，上一次是 Ama Sa Nia 的族人，這次還發現自己曾經有蜥蜴人血統，看來在地球的日子裡她們的身體就像是一個大沙拉拼盤，不停的改變重整，雖然最重要的是我們的原星球，但中途會遇到什麼就說不準。蜥蜴人竟然會有靈性的一面，爲了能進階竟然會成爲保護地球的一員？眞是想都不敢想！艾璣其實並沒有完全相信他的話，覺得需要一點時間去印證，畢竟是蜥蜴人說的話……

「我有什麼消息會聯繫你的！」費克將軍說畢就把艾璣送往山上跟老師和同學會合。這件事過後艾璣也有跟姊妹們報告過。當時她們正準備籌備多瑪宇宙學院，覺得如果辦成，應該也有異曲同工之妙，而且每個人的生活都忙得不可開交，這兩個月也沒有發生什麼重大事情，漸漸的，這件事又開始被淡忘了，艾璣凝望著富士山，費克將軍當日的話言猶在耳。

突然有人敲門，艾璣以為是送餐服務，怎料來的是一個中年女子。

「艾璣你好，還認得我嗎？」中年女子說。

艾璣在她身上打量，可是怎樣也想不出來，正想回話，那個中年女子就開始變形——竟是費克將軍。

「原來是費克將軍！」艾璣一方面有點詫異，另一方面知道自己從上次見他以來一點事情也沒有做過，有點不好意思。

「你不用擔心，我不是來追問你上次的事情，只是有些情況必須要跟你說，所以才來找你。」費克將軍直截了當的說。

艾璣報以微笑默認了他的說法。

「你們有沒有發覺最近幾個月很多地方都有地震，而且情況開始越來越嚴重？」費克將軍開門見山的說。

然後費克將軍在前面畫了一個三維投影，裡面清楚看到這一個月來地球所發生過的地震，包括印尼的爪哇、峇里島的阿貢火山、蘇門答臘島的印度洋大地震、菲律賓、台灣、中美洲……其中菲律賓海板塊跟歐亞板塊、台灣東部地震也很可能成爲南海海溝地震的導火線，這樣會對日本作出連鎖反應，其實在這幅圖上地表很多個地方是呈現紅色的，費克將軍說這代表將會發生地震或火山爆發，其中整個南亞地區的情況令人憂慮。

「你們要組織一些力量幫助地球度過這個難關，不然死亡、受傷或無家可歸的人數會以百萬計。」將軍說。

艾璣看著地圖，但她明顯看到有些地方像新疆地底、北韓、中東，有些特別的紅色符號，另外在美國有些地區有橙色符號，艾璣指著符號問：「這些地方代表什麼？」

「代表曾經發生過核爆或做過核爆測試，年代越久遠的顏色越淺，越近期發生的顏色越深。另外橙色的代表他們使用了一些技術包住了那個核彈，所以不會對土地和周圍環境造成那麼大的傷害。」將軍解釋給艾璣聽。

艾璣驚訝看到圖上有四個地方的顏色接近紅色，那是代表核爆測試在不久前才發生，符號旁會看到一些像紅色的線狀在地底擴散，這可能就是因爲核爆以後所影響到的地下斷層和板塊移動。艾璣記得念大學的時候對地質學是十分有興趣的，（日本是跨在四個板塊上的，日本南部就是菲律賓海板塊。菲律賓海板塊跟歐亞板塊之間，發生許多地震，其中最可能成爲震源，在四國南邊海底水深四千公尺級的「南海海溝」，幾乎每一百年至二百年便發生規模巨大的地震；最近的一次南海地震是一九四六年，超過七十年了，也因此推斷已經非常接近大地震的發生時間了。）所以新聞報導日本、台灣在不久的未來會有大規模的災難也不是憑空白說的。

「你要我們去組織一些幫助地球的隊伍，但如果政府不停止這些核爆測試，我們做什麼也是徒然！」艾璣有點擔心的說。

「去聯繫你的姊妹，她們會有方法的，事不宜遲，這件事情不能再拖……」費克將軍說完就不見了。

艾璣突然間發覺原來自己在沙發上睡著了，那麼剛才費克將軍是在夢裡跟我碰面嗎？一時間艾璣還沒有弄清楚，但剛才的影像很清晰，那幅三維地圖還歷歷在目，心裡有一股很強的推動力要去聯繫素桑、洛娃和汐卡。

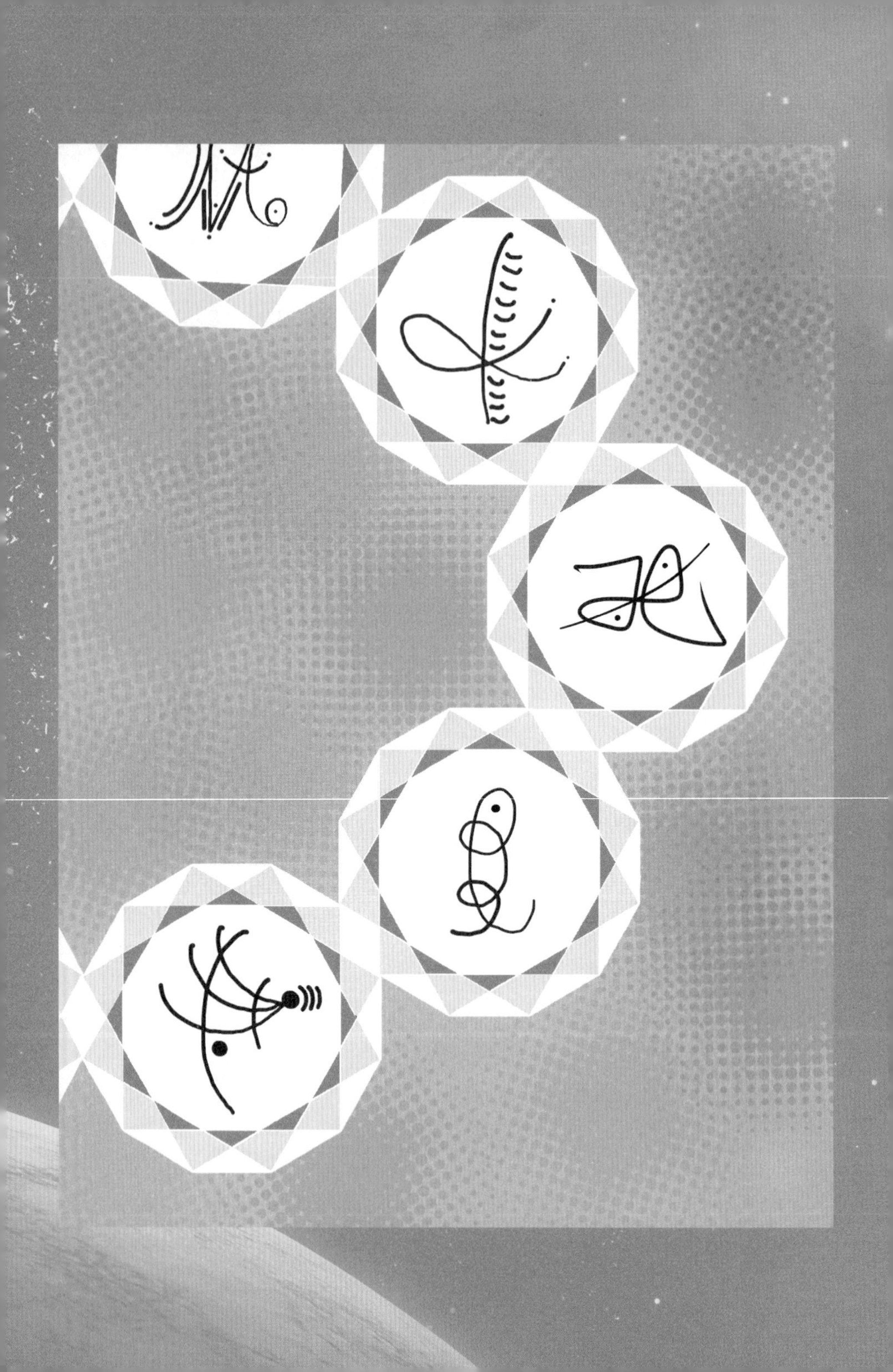

8

多瑪的基因研究部

尼古拉．特斯拉（一八五六至一九四三年），塞爾維亞裔美籍發明家，是燈泡的最初發明者，被認為是電力商業化的重要推動者，並因主要設計了現代交流電力系統而最為人知。在麥可．法拉第（Michael Faraday）發現的電磁場理論的基礎上，特斯拉在電磁場領域有著多項革命性的發明。他的多項相關的專利以及電磁學的理論研究工作，是現代的無線通信和無線電的基石。數家電子公司（今日美國電子業龍頭的前身）聯合派出一群能言善道的律師，奪走了他大部分的專利。一九四三年一月七日，特斯拉在窮困潦倒中過世。特斯拉還有很多研究被封鎖，也有一些被應用在我們日常生活裡，但真正知道這是特斯拉發明的人有多少？

素桑醒來，直覺是艾璣在找她們，於是集中精神的想著艾璣，看看她是否遇到什麼困難。她看到艾璣是安全無恙的，只是艾璣說要盡快聯繫上，因爲有些很重要的訊息需要大家一起研究。素桑向她傳心說她們會盡快聯繫她的。

「你們都醒來了嗎？今天覺得如何？」賽尼進來問素桑和洛娃說。

「我們好多了！」素桑和洛娃異口同聲的說。

「我們應該要回地球了，另一個姊妹在找我們，有重要事情要商量。」素桑說。

「好的！我隨時可以送你們回去，但在你們回去之前，我希望你們能去看一下多瑪學院的總部，將來你們會在地球成立一所多瑪學院的，這樣會加深你們的了解。」賽尼說。

素桑和洛娃交換了一個眼神就說：「好！麻煩你帶我們去參觀一下。」

她們離開了星子總部，慢慢的在這個美麗的星球散步，雖然素桑和洛娃知道眼前所看的景物並不一定眞確，但既然知道是幻象，也不需要道破，反而在知道與享受間拿捏出一個平衡，不會依附在這虛幻中就可以了。這倒是跟一些佛理有共通之處。她們的身體開始慢慢恢復，行走的時候也沒有感到疲倦。

一路走著素桑隨口問賽尼：「是否每個地球人的身體裡也有一個宇宙？」

「是的，但不是你們眼中的宇宙，應該說是跟宇宙是同一個律，如果我們能依照自然的法則去運行，則能裡外相對照，但地球人往往違反自然，做成天人分離。譬如，我們之前所說的佛教宇宙與接受這個體系的人的身體內的宇宙是相呼應的，佛教宇宙裡所說的『界』與『天』就在我們的體內，所以我們才可以通過不斷修行得到提升。」賽尼說。

「那麼不同信念的人呢？」素桑繼續問。

「他們會按照自己所選的宇宙規律而行，這是以他們被吸引的信念或宗教區分的。有些人所選的宇宙是沒有從修煉得到提升或圓滿的，他們也不接受這個模式，但前提是沒有這個最接近宇宙『道/源頭』的模式，一切都只能依附著一個『不是源頭的能量』，這個能量能把人控制，因爲他們的系統裡並沒有讓你進階的機會，沒有經過自身的努力去進化。」賽尼解釋說。

「可是人本身不做什麼也是會進化的，對嗎？」素桑想一想問。

「這有兩個說法，你們的肉體可能會有所進化，但思維和靈性如果沒有外來透過心靈的指導和助力，這個不知道要等到何時？如果你們的DNA沒有曾經與星人結合，沒有高維度生物的指導和衝擊，你們現在應該還不能走到這一步。在過去幾百萬年裡星族人不斷的指導提升你們，讓你們得以進化，但你們每走兩步就倒退一步，沒有努力去完成指派給你們的作業，有了私心，爲了利益把教導訊息據爲己有，有一些甚至扼殺了無數人的機會，你想一想今天普遍的地球人對宇宙和自我的認識有多少，不要說長生不死，就是對DNA、能力延伸、宇宙飛行、運用意識的概念還沒有達標，反而對權力鬥爭、製造武器、損害地球資源、分化地球人、打壓靈性訊息的接收……就做得過猶不及。讓人類不懂面對愛和接受，一切只是狹義的認識，沒有看到宇宙和自己是一個體。」賽尼振振有辭。

素桑聽後沉默了半晌說：「是的，這確是地球的現狀，遠的不說，就是最近一百年人們對使用各種自然能源的打壓，只是在最近十年才得到冒起的機會，譬如說尼古拉・特斯拉（一八五六至一九四三年），塞爾維亞裔美籍發明家，是燈泡的最初發明者，被認爲是電力商業化的重要推動者，並因主要設計了現代交流電力系統而最爲人知。在麥可・法拉第發現的電磁場理論的基礎上，特斯拉在電磁場領域有著多項革命性的發明。他的多項相關的專利以及電磁學的理論研究工作，是現代的無線通信和無線電的基石。數家電子公司（今日美國電子業龍頭的前身）聯合派出一群能言善道的律師，奪走了他大部分的專利。一九四三年一月七日，特斯拉在窮困潦倒中過世。特斯拉還有很多研究被封鎖，也有一些被應用在我們日常生活裡，但眞正知道這是特斯拉發明的人有多少？如果當時地球人沒有採取這種巧取豪奪，而能提供資金讓他繼續研究，今天地球的科技絕對不止於此。也聽說美國政府在特斯拉死後，把他所有的研究手稿拿去研究，當然也有人說他是星族人，或是因爲跟星族人接觸過才會有如此先進的發明，這個就無從稽考了。」素桑心裡有數，因爲早在很多年前就對特斯拉這個科學家有著很深的敬意，甚至覺得他才是地球最出色的科學家。

「賽尼你剛才說地球人的DNA並沒有被其他星族人修改過，但就一直都有跟星族人結合，那麼生出來的小孩就是一半地球人，一半星族人。這些結合都會讓地球人的DNA有所提升，但爲什麼我們還是沒有很高的智慧，還不能以源頭能量出現？」素桑一直問的時候一路在整理思緒。

「或是說地球人和其他星族人經過多年的結合，地球人在整體的基因上已有改變，但他們的身體狀態還不能完全激發使用這些基因？地球科學家發現在地球人的2鏈DNA裡面，只有百分之三是激活的，其他的是休眠的，原因是什麼？還有很多學說指地球人有另外10鏈DNA，總共12鏈DNA，只是還沒有得到科學驗證，那我們發現有多少DNA是否激活了，就能以源頭能量的形式出現？」素桑一直在腦海裡尋找適合的字眼。

「地球人的身體是很寶貴的，我所說的身體並不是你們的身體四肢，而是你們體內的宇宙。地球人對自身的了解猶如一個小孩面對無盡的星空，還不知如何入手。你們身體的宇宙藍圖，你們稱爲DNA，現在地球的科學家只承認有2鏈DNA，其實你們說有多少鏈都可以的，因爲只要你們有所想，思維就會把它們創造，一個人的念頭可以感染千千萬萬的人，然後這些DNA就會被創造出來，最後成爲事實。這個身體藍圖就是一個宇宙，裡面有很多個星球，它們可以訊息傳遞，相互影響，可以自動繁衍，可以進入不同維度，可以不斷提升。同時你們是大宇宙的一部分，大宇宙可以影響你，你也可以影響這個大宇宙。當身體接觸到一則消息，或感覺，你們可以選擇相信與否，如果你們選擇相信有一天這件事情必會成爲事實，這就是你們所說的願力，這也是宇宙運行的模式。以前很多地球人接受過星族人的教導，運用念力、願力、祝福、儀式、咒語、冥想，作爲提升DNA的方法，或是說將仍然是休眠的DNA喚醒。可是有一點必須要明白和接受的，就是你們體內是已經包含了星族的DNA，如果按照地球科學家所說，地球人身體只有百分之三的DNA是已被激活的，那麼百分之九十七的休眠DNA就是沒被地球人接受的星族DNA。你們不要站在地球人的角度來想，你們要學習站在星族人的角度來看，這也是多瑪學院需要做的。」賽尼這句話如醍醐灌頂。

「你是說只要我們接受身體百分之九十七是星族人的DNA，那麼我們就能激發喚醒它們？」素桑雙眼冒光的說。

「你們最少承認了它們的存在，才能進一步激發喚醒這些休眠的DNA。等一會兒你們記得去參觀一下多瑪的基因研究部，這個部門分成四個部分：1. 血緣基因研究，2. 原生星球基因研究，3. 混合基因機器人，4. 基因變異。」賽尼提醒她們。

「聽起來十分有意思，我們一定會去的！」洛娃比素桑回答得更快。

大家一路上各自無語沉浸在種種的思維中，遠處看到有一些建築物，賽尼接到訊息有事情要處理需要先行一步。

「前面的學院你們先去參觀一下，我晚一點會來跟你們會合的。」賽尼請兩個星人爲素桑和洛娃帶路。素桑回過神來慢慢的與洛娃並排走著。

「聽賽尼說後覺得地球的情況好像幾十萬年來還是這樣，沒有很大的進步。我們還是只激活了百分之三的DNA，最大問題是地球人根本不知道這百分之九十七是什麼？更遑論要如何激活。」素桑有點憂心的說。

「我覺得也不盡然，幾百萬年裡人類是有過進步的，但維持並不久，又因爲氣候劇變、隕石撞擊，也沒有留下足夠的訊息和突破不了生命的常規。最近這一百年人類是有進步的，但距離讓地球跟其他星球全面連接還有一段頗長的距離。過去二、三十年來人類對地球所出現的問題開始關注，也對靈性的探求達到一個新的高度，只要大家努力完成任務開放視野，不故步自封，地球一定能夠趕得及在自我毀滅之前得到提升的。」洛娃將她的感覺說出來。

洛娃和素桑走著走著看這既陌生又熟識的城市，她們看見一些隱形建築物，其實它們不是眞的隱形而是有一層保護色，譬如說它們懸在天空的建築物是跟著天和雲的顏色，不細看根本看不到，也有建築物是建在樹林前，然後整個建築物跟樹林是一個模樣的，很是有趣。原來這裡的星人也有這樣的一個功能，他們的身體可隨著背景而改變，就像一隻變色龍。現在他們帶著洛娃和素桑前往在半空的建築物，他們說可以用 Gabaluk 或走樓梯，她們猜 Gabaluk 可能是飛船或升降機，便選擇走樓梯，順便可以看看這個星球的風景。一直走上去的時候看到原來整個星球有很多這類變色龍建築，從高處看下，用不同的角度看比較容易看出來。這個懸空的建築物大概有七、八層樓高，是圓拱形的設計。進入的時候還要在門口掃描，星人給了她們兩個臨時透明的水晶薄片貼在手掌，一貼到手裡就跟皮膚融合在一起，她們跟著星人把手掌放在掃描位置就可以通過。

「這裡是什麼地方？」洛娃問。

「這裡是訓練星子的地方。」星人回答。

「你有名字嗎？」素桑問。

「你們可以叫我莎芭瓦理，你們可以隨處觀看，如果看到有興趣的學科也可以進去旁聽。當你們想離開的時候在大門掃描一下，我們會派人來接你們的。」他點頭微笑說。

「這是我們的代步工具 Gabaluk。」莎芭瓦理指一指停放在旁邊只有手掌大小的小板塊，看上去像石頭但很輕，有點像滑板但小很多，且沒有輪子是懸浮的，沒有用電或其他能量裝置。

「你們把 Gabaluk 黏在腳底，它會自動啓動，它能讀懂你的腦電波，知道你要去哪裡。」莎芭瓦理跟她們說完後踩上一塊就飛走了。

素桑覺得很好玩先踩上一塊試試，發覺它比滑板更簡單，不需要平衡，只要想一想要去的地方就可以了。這個東西好像在科幻電影裡看到的一樣，只是素桑還沒有找到這浮板的能量裝置，它又薄又輕連太陽能接收片都沒有。

洛娃和素桑沒有目的地，所以 Gabaluk 就自由在建築物內穿梭飛翔。建築物的中間是一個大圓的空間，看到旁邊有好幾層樓都是圍繞這個空間建起來的，其實這個建築物看似是透明沒有牆的，站在裡面可以三百六十度看到外面的景象，不管晴天雨天。素桑想如果在月圓或閃電的時候身處這裡，一定十分震撼，可是不知道這裡有沒有月亮，有沒有閃電。太陽倒是有三個，一大兩小。其實這不是一個半圓球體，正確來說應該是一個十二面立體，房間的分隔也是以六邊形爲分隔，好像有一定的次序，也很像一個改良過的蜂巢，蜂巢等邊六角形。

有時經過一些有趣的房間，Gabaluk 就會慢下來，就像眞的讀懂她們的心意。這間房間挺大的，裡面約有二、三十人，年紀比較小，大約十幾歲，他們的樣貌跟成年人沒有兩樣，但分別在身高，這一批星人的身高比較矮，跟剛才賽尼差上一大截。洛娃她們也只能以身高來猜想。他們全都閉上眼睛，在房的中間有一個三維的圖像，有一些人升在半空，有些半升不降的，他們可能是在學習飛。素桑和洛娃在房間門外駐足，半空中原來有一位老師，他慢慢降到地面示意她們進去，其他人也慢慢降下來。

「你們要一起試試嗎？他們在學習停在半空。」老師用星語跟她們說。

洛娃用星語回答說好。

「洛娃怎麼我不知道你會說星語？」素桑問。

「不會的，但不知爲何突然間就這樣回答。可能我們如賽尼所言本來就是懂，只是沒有機會說，現在突然激活了。你只要不去想，音節就自然會出來。」洛娃說。

老師請她們坐在地上，面前有十塊貌似金屬的石頭，從大到小的排列。

「你們聽著我打的音節然後跟著唱出來，我打什麼你們跟著就可以了。唱的時候看著中間這個圖像。」老師說。

老師徐徐的用一根小棒輕輕敲打在金屬石頭上，發出的聲音比較低，有一種震頻瀰漫在空氣中，然後中間的三維圖像有一個部分在動。其他同學跟著發出那種震頻聲音，洛娃和素桑也跟著做。如此這般，老師不停的敲打石頭，每一塊石頭的音頻也比之前的高一點，到第六塊的時候音調已經很高，素桑感到震耳欲聾，那種震頻不只在房間裡徘徊，簡直就讓素桑的腦內分子撞擊，每一次敲打石頭她感到整個人的神經線都像被彈了一下。然後老師開始使用雙手敲打不同的石頭，越打越快，好像有四隻手、六隻手、八隻手，最後快得連手也看不清，中間的三維圖像轉動得很快，形成了不同的圖形，不斷改變，由於聲音改變得很快，最後只成了一個音節，大家都在詠唱，然後素桑突然感覺身體自動浮起來，開始的時候慢慢升起一點，然後越升越高，素桑看到洛娃和其他同學的身體也升起來了。她們的心和嘴還在唱頌，然後到一個點就停下來了。身體懸浮在半空，老師說心裡面必須繼續默念著音節。如果想降落就停止念誦，慢慢的就能降落。身體停留在半空的感覺很特別，但素桑覺得他們的科技很高，就算不用這個方法也能停在半空。Gabaluk 作爲交通工具也能懸浮。這時老師好像聽到素桑心裡面的問題便回答：「所有的科技都建基在我們本身的能力上，如果你們能明白如何控制自己的身體，也代表能夠控制其他的物質，科技並不代表機器有多發達，而是從了解自己的能力再把這些能力延伸，機器是用來擔當一些我們不做的事情或對有機生命危險的事情，但不代表它們比我們優越。如果你們不明白這一點，就會對這些機器產生依賴，被這些機器控制。很多星球也曾經經驗過，地球星族人如果不好好學習，看來也走不出這個命運，最後還是會淪爲二等公民，被不同的掠奪者和半機器人瓜分。」

素桑聽後心頭一凜，這個可能就是大家一直沒有察覺的事情。人類對機器和電子產品的依賴已經將人在群體生活中孤立，人對自我溝通、大自然溝通與動物溝通的能力已經到達一個極低的情況，如果不能有所改變，人類的下一步會是怎樣？應該不難想像。

「是的，你害怕的可能會發生，但不會那麼快，你們還是有時間去糾正的，你們不是來了這裡把能用的知識帶回去嗎？」老師聽到她的心聲後回答。

「是的，希望人類真的願意把思維模式改變。」素桑沒有很大信心的說。

從房間走出來感覺整個人很輕，剛才的音頻把她們身上的頻率調整過，覺得自己真的隨時可以飛起來。

她們繼續任由 Gabaluk 在飛，經過不同的房間，看來這些都是練習一些我們說是特異功能的東西，如分身法、多身法，有些看來有法術成分如點金術。

洛娃想去剛才賽尼所說的多瑪的基因研究部看看，心裡一想到腳下的 Gabaluk 就自動起飛。基因研究部原來處於另外一座建築物，Gabaluk 飛出這個半圓形十二面體的建築物，一直朝另外一群建築物前進。

這些建築物也是大大小小不同的白色半圓形十二面體建築，遠看有點像愛斯基摩人的冰屋，只是這個建築物大很多，也不是冰造的。門口並沒有人，只要把手掌的水晶薄片放在指定地方便通過檢查。門一打開有很多龐大的標本，素桑和洛娃驚訝地看著這個足足有幾萬尺，放了幾千件展品的地方，她們看到很多地球上沒有見過的生物，或是傳說中的生物，也有一些從未見過或聽過的。這裡有兩隻一黑一白毛絨絨的生物，也有說牠們在喜馬拉雅山出現。一些是人身羊腿、人身蛇尾、鳥頭人身、野豬頭人身，大水族箱裡的是龍面人身魚鱗皮的動物，還有些會飛的像野豬的動物，還有一些像日本怪獸片的巨型龍蛇蜥蜴混合種的動物。有一個很像人類，頭很大很長後腦成圓尖狀的，眼睛很大，身體很瘦很高，這個爲什麼就像極了一個古埃及法老王？素桑心想，正想開口問這些生物的來歷，就看到有人踏著 **Gabaluk** 過來，來的應該是一個女生，她的皮膚雪白，不是白人的白是白色的白，就像一堵白牆，全身的衣服是貼身淡藍色的，腳上穿一雙同色的靴。

「你們好，歡迎你們來到多瑪的基因研究部，我是你們的導遊依拉。」依拉微笑說。

「這些是在這裡已絕種的動物嗎？」洛娃看著這個博物館似的地方說。

「這些是曾經存在過的動物，我們把牠們以基因再造的方法讓這些物種不會滅絕；也有一些是經過我們用基因改造，但後來沒辦法延續的；有一些是按照古老偉大的星族而建構出來的；有些曾經是神樣的民族，但很多最後也是不能成功的。」依拉回答說。

「我在那裡看到了一個像極了我們地球的古埃及法老王標本，那也是你們基因改造的嗎？」素桑指著標本的方向問。

「那是星族改造人，他們是按照另一個星族的圖譜建構出來的，據資料他們曾經在地球居住過，最後不能在地球繁殖而消滅的。」依拉說。

「這是你們的研究和改造嗎？」素桑問。

「不是，這是很多不同星族蒐集回來的。我們是要研究他們或成功或失敗的原因，從而讓這些訊息資料得以延續，也可以幫助不同星族在重要的進化關口得以順利過渡。」依拉簡單的說。

素桑和洛娃面對這許許多多的標本，正在想關於這個宇宙裡人類所認識的實在太少了，簡直是連門檻都沒有踏進。

依拉對她們笑一笑，顯然知道她們心裡所想。

「請你們跟我來吧，我會帶你們參觀和解答你們的問題。」依拉說。

9

眞正的伊甸園

伊甸園是原初其中一個外來星族所建構，是給地球星族人的理想國度，它在地球但也並不在，因為這個國度是投射出來的，裡面居住了很多不同的星族，大家互相幫助，只要他們願意也是可以選擇離開返回原生星族的。

有一點很重要，當時亞當和夏娃的故事並不如現在地球流行的版本。

這個建築裡面跟剛才的也是差不多，是十二面體，間隔也是六邊形，分好幾層，但她們現在進入一個像升降機的房間，進去後四面出現不同的影像，有海洋、星空、沙漠和冰雪，而且不斷轉換，有時候會見到生物，像直播一樣。

「對，這些都是即時直播不同星球的影像，讓大家可多參考其他生物的生存狀態。」依拉看她們如此有興趣就說。

升降機看來是往下的，因爲如果向上用 Gabaluk 就可以了，素桑慢慢的數了十下時間升降機門才打開，她想應該是在地下深處了，因爲如果依地球的時間，十下是十秒，在地球快的升降機可以上到五、六十層了。

她們踏出去看到的並不是研究人員埋頭在顯微鏡，相反這裡的景色是太空，應該說是太空城市，裡面有很多生物，空中飛船，鳥形飛人，有不同的空中管道，可以看得出是他們的交通樞紐，素桑終於忍不住問：「我們在你們的地底嗎？還是在別的地方嗎？」

「你們現在就在我們的基因研究部，這個部門是建築在太空的另一個地方，不在我們剛才的星球內了，你們剛才已經做了太空旅行，到了別的地方。」依拉解釋說。

「嘩！你們的科技眞的是那麼先進嗎？這些都像在電影才會發生的。」最愛看電影的洛娃表達了她的感覺。

「剛才賽尼有跟你們提過基因研究部門分成四個部分：1. 血緣基因研究，2. 原生星球基因研究，3. 混合基因機器人，4. 基因變異，對嗎？這個是基因變異的城市，這裡的生物都是經過一種因爲人爲或自然衍生出來的突變，令他們沒有辦法在自己的星球居住，所以我們建立了這個地方讓他們居住，這裡也有混合基因機器人。他們有些身體會突然著火，有些會發出強烈的電磁波干擾地磁極，有些能變大，有些長出翅膀，有些多了尾巴，不是每個星球都能有共容性，也有一些能量太大不能駕馭，在這裡我們觀察、研究他們如何突變，有一些是有週期性的，有一些我們研發了一些保護他們和其他人的工具，讓他們可以安全的住在這裡。」依拉說。

「你說人爲或自然衍生，人爲的意思是基因經過人工改造的嗎？」素桑問。

「也可以這樣說，他們有些是因爲有病，有些是因爲突變，所以我們用適合的基因來幫助他們。我先帶你們參觀我們的實驗室，然後再解釋給你們聽。」依拉邊行邊說。

她們通過一些透明的管道到達另一個地方，素桑一直走的時候很努力的記著那些路，剛才從多瑪學院以太空旅行的形式來到這個基因變異的城市，現在通過管道去實驗室。實驗室裡並沒有人穿著白袍看著儀器，相反他們坐在一起研究一些圖表和數字。

「他們在研究的是什麼？」素桑看不清楚的問。

「原生星球基因研究，原生星球基因並不能在你們所說的DNA和RNA裡找到的，因爲從原生星球到這個身體，可能已經換了很多很多次血液和骨髓。DNA和RNA只能找到物質世界的你，但原生星球並不是物質世界的，它是『靈』的世界，這個靠顯微鏡是看不到的。反之在你的宇宙星圖可以追溯到。你過來看一看。」依拉把手上的星圖展示給素桑和洛娃看。

「這張圖有點像地球的占星圖加命盤，但就複雜很多，是否因爲這張圖所展現的並不是太陽系的星圖，而是這個宇宙的星圖？」素桑很有興趣的在研究。

「你說對了！這個是宇宙的星圖，但這個星圖是要按照這個生物來自於哪個星球作爲零坐標而推敲的。譬如說，地球的星圖包含了太陽系內的行星而地球就以零爲坐標，小的用九大行星，大的用北極星，本來是用來觀察每個地區的朝代興衰，但後來不知如何演變爲一套用來推算人的生命流程的學說，這也非原意。但宇宙那麼大，就連太陽系也有幾十甚至幾百億個，我們會用中央太陽作爲推算，至於那個星球和中央太陽的關係角度，受什麼影響，還有沒有其他恆星，就要先用意識尋找推敲，然後收窄範圍將它鎖在應對的一方，所以這個星族人用最原本的星圖就可以推敲他的生命歷程和發展。同時我們可以追蹤他過往七次的生命，雖然大部分時間我們是不需要追查，除非有特別的意圖，要追查的就是一些忘記了自己的原生星族，在不同的星球或地球居住的地球星族人。」依拉慢慢解釋說。

「爲什麼你說出來倒有一點像命理八字，一點也不像是DNA科學研究？」素桑有些不滿的說。

「好，那你先解釋一下對你來說什麼是科學？」依拉試探著說。

「根據牛頓字典科學一詞是：基於事實證明來了解自然和物理世界的結構和行爲，例如通過實驗形式。」素桑倒是把牛頓字典倒背如流。

「那你有沒有看到最關鍵的幾個字就是自然和物理，那是代表地球人所關心的科學全是物質世界的，但星族和宇宙甚至整個太空不是只有物質世界的，我們都是擁有『靈』之生物，亦只有通過『靈』才可以眞正認識這個宇宙，並跟著這個宇宙之道來運行。似乎地球人的科學太著重物質世界的科學而忽略了『靈』，所以你們的科學才停滯不前。還有一點，根據我們對地球人的觀察，你們只是容許一部分在地球上被認爲有資格的人才可以去研究，但這些人很大部分對『靈』一點認識也沒有，而對『靈』有認識的人可能是南美的巫師，藏族的喇嘛、祭司，跟山川、海洋、大地溝通的靈媒，跟天使、度母溝通的人或已跟源頭連接的大師。這些可以是特別的人但也可以是任何一個人，所以科學是每一個人都能研究、學習、感應、經驗的，只有這樣星球才可以平衡。科學不是一群科學家在閉門造車，應該是集合所有人的力量來研究的。」依拉一口氣把話說完。

素桑聽完了若有所悟的在沉思。

「聽你講完我開始明白地球一直不能突破某一些層面的原因，其實現在地球上也開始對『靈』有進一步的研究和接受，例如我看過一些報導指出通過冥想可以讓罪案減少，這篇報導是關於一所在美國愛荷華州費爾菲爾德鎮的瑪哈禮斯管理大學，它的創始人是一名印度瑜伽上師 Maharishi Mahesh Yogi，以教授超覺靜坐而成名，在七十年代後期爲 TM-Sidhas 制定了培訓計劃。TM-Sidhi 冥想是以傳統的吠陀原則與現代西方的需求和限制相結合而成的。他的學生還包括披頭四樂隊的成員。他們在一九九三年開始就進行一項名爲 TM 在華盛頓的預防犯罪項目研究，他們需要任何既定人口的1%的超覺靜坐瑜伽進行冥想。當他們於一九九三年六月七號到七月三十號持續冥想，經過統計在這段期間罪案率的最高跌幅達23點3%，比預期的20%還要高，當試驗完畢罪案率又突然飆升。在二〇〇七到二〇一〇年他們做了一個以超覺靜坐 TM-Sidhi 項目進行冥想的實驗。這一群是更高階的學生，這些學生的學習課程包括瑜伽飛行，當然飛行的意思並不是飛鳥飛行，他們以盤膝的坐姿，騰空彈起有些像原地蹦跳，但他們卻是以肉身對抗了地心引力。他們在瑪哈禮斯管理大學以當時美國人口的1%的平方根數的超覺靜坐TM-Sidhi項目進行這項實驗，目的是希望能把謀殺率和罪案率降低，結果是在該段期間嚴重罪案率明顯下降，這也是在二戰後第一次重大經濟衰退期間的事。其實瑪哈禮斯在幾十年前已經開始了這些實驗，到現在很多學校會教學生靜坐冥想，目的是讓他們有正念，平靜，也可減壓，幫助他們專注、放鬆等。這些其實也是通過『靈』來進行實驗，讓人的覺知不只是放在物理的試驗上。推而廣之人類其實可以用冥想來達到不同理想和效果，雖然冥想靈修的目的絕非止於此。」素桑邊想邊說。

「對的，你的思維方向是正確的，但要更大規模去實行『靈』的覺知就是通到另外一個層次的導體，只有通過認識和研究『靈』，你們才有機會看到整幅拼圖。而研究『靈』最重要的就是要通過意識，多瑪宇宙學院已發展到以意識爲主的科學，所有精密的科學儀器都是有意識啓動的，物質只是存放意識的媒介。」依拉繼續說。

「我們有一位老師曾經解釋過說：『自然的發展是一個圓，無始無終，但在圓的運動下，不斷有形式物出現，對我們來說仍然有無盡的自然事物讓我們去探索。』這就是我們不停在做研究的原因。研究的目的是要找到自然律是如何走的。而我們已找到的答案是，自然律永遠在變，沒有固定不變的律。所以我們就研究這變背後的不變。不變背後，那變的律。」

素桑聽後還在喃喃重複依拉所說的話，覺得是多年來沒有聽過那麼清晰的解釋。

「我們最想知道的是人類和星族地球人的星族藍圖，或以地球人的說法，我們的DNA和RNA所能帶給我的是什麼訊息，要如何才能把它們激活。剛才賽尼說過第一步要承認它們，承認了以後如何可以激活在我們身體百分之九十七的星族人DNA呢？」素桑和洛娃異口同聲的說。

「這些方法早就在你們的國家或宗教或文化裡存在著，只是，眞正接受而練習的人很少，能練成功者更是鳳毛麟角。在地球接觸過能改變或激發DNA的大概有四大體系。

「第一，是由一個外星族群傳給地球人的道教系統，但演化到今天和原初的大有分別，雖然對地球人還是有些好處，但用現在這一套要練就激活和全面提升ＤＮＡ恐怕不能。這個星球也把術數教給了地球人，目的是讓他們可觀天象來幫助自己在適當的時候修煉，術數包括山、醫、卜、星、相，每個掌管不同技術，終極目的是要透過術數來學會自然生命，跟地球現在所流行的一套絕非相同。大家必須謹記所有這些學問是爲了回歸本源，如果大家在學習的時候已經偏離原意就要覺醒。眞正的星族道家體系包括煉丹、煉氣、煉神，都是可以激活和改變ＤＮＡ密碼的。但當年的星族道家修煉方法是給該星族因各種原因留在地球的族人的。

「第二，佛教系統在地球的佛系內並沒有說過要特別做什麼修煉、要達到什麼境地，因爲他們所著重的是心的修煉，回歸眞如本性，覺悟宇宙人生，佛陀本身就是智慧與悟，智慧就是眞正了解宇宙的本體，了解宇宙人生的眞相。當從『觀』的過程裡身體往往會因爲跟宇宙突然的融合同步而提升，這個過程後的結果是有些大師會化成虹身、有些火化後會留有舍利子，這就是因爲他們的ＤＮＡ已經轉變的證明。還有藏傳密宗的各種傳承和修行方法本身也是已認證的方法。

「第三，印度教既是星族遺留下來的一個大系統，既保存該星族來地球時所顯現的身分——印度教的神祇，也留下了不同的方法讓地球人達到『梵我合一』，終究成爲神/梵/本源。印度教留下大量的典籍，修煉方法包括呼吸、瑜伽式止、冥想方法、不二論、昆達瑜伽。這個教派廣義來說還是一個活的教派，同時仍然有『證得梵我合一』的上師傳承。

「第四，猶太教最原初的星族將他們星球的整套系統完整的搬來地球，他們來到地球後所發生的故事，由住在地球的星族人告訴地球人。猶太人一直都是被指導和監察的，現在地球的猶太人有很多還是直屬的星際地球人。本來他們也有一套身體修煉的方法，跟著方法地球星族人就可以回到原生星球，後來不知道如何會散失，或許他們最後刻意隱藏這個修煉方法，只剩下修讀的經文、祈禱感恩的方法和星際數字學，這個計算學可以計算出宇宙的一切，包括星球的壽命，每個星球之間的關係，星球和地球的關係。人和宇宙的一切都可以運用這個星際計算學推演出來，當然還有地球將會發生的事情也可以推算的。

「第五，是結集了靈知派、古老的瑣羅亞斯德教或稱拜火教（Zoroastrianism）、原初的共濟會（Freemason）、玫瑰十字會（Rosicurian）、北歐的天神、墨西哥和南美洲的原始神祇和對自然的崇拜，埃及的多神宗教、死亡和法術還有很多不同的大小宗教，它們都有著千絲萬縷的關係，有些是某古老星族的延續、有些星族留下的跟他們溝通的方法，也可以通過死亡學習回到原星族。由於地球人過往都是四分五裂，每個人都以爲自己的就一定是對的，所以從來沒有人願意把所有的這些合拼起來看，把不同的方法拿出來研究，其實不同的人需要不同的方法，因爲可能他們是來自不同星族的，所以某些方法對他們來說特別奏效。」依拉給她們詳細解釋。

素桑和洛娃聽完後沉默半刻，然後洛娃說：

「縱觀你所說的可歸納爲：

一，星族人直接傳授的方法回歸星族，如猶太教、拜火教……

二，能超脫星族人所傳自行與源頭合一，如佛教、印度教的智瑜伽（Jnana Yoga）、藏傳佛教……

三，將星族人擬神化，變成神而膜拜，如印度教的諸天神祇、阿茲特克人、瑪雅人、埃及、希臘、北歐諸神……

四，把這些古老方法所留存下來的再次復甦，如共濟會、玫瑰十字會……

五，以最原始的方式解讀，並連接地球的能量，如薩滿、凱爾特人。

「依你所說這些就是過往幾千年甚至幾萬年的情況，其實哪一個是最原初、哪一個是對、哪一個是最好，都沒有定案，你的『魂』自會為你挑選適合你的。只是普通人往往會被外相所迷惑，所以，如果所學的並不能帶給你平靜，並不能讓你朝著心與源頭連結，就要停下來審視，是否因為『我』念的執著，是否因為『我』別有所求，這個時候就更需要靜心的『觀』去。

「你確實是把地球的一些宗教形勢分析了，也指出了為何這些方法不是每個人也可以適用，但你還是沒有教我們如何可以提升和激活我們的DNA。」洛娃說。

「我有一個簡單的方法可以幫助你們激活身體的DNA，首先你們要連接翠玉錄（Emerald Tablet）——這塊古碑，其實不只一塊，也不是只有綠色，應該有紅寶石的紅、電氣石的粉紅、海藍寶的藍、金黃水晶的黃、電氣石的墨綠黑、紫水晶的紫，最後還有兩塊橙色月亮石的橙和彩虹石碑，前五塊碑是最原初的，如果能夠完全開啓這五塊碑，你們的身體必然進化，只要能進化到接近天使頻率，那麼還有後面兩塊碑，一塊是橙色，一塊是彩虹色的要連接，最後當七塊碑完成的時候，你們的血緣基因和原生星球基因也會得到修正、重組和提升。所以這七塊碑不止是星族地球人會連結，其他星族也會選擇他們需要的層次連結的。他們是宇宙中不同的礦石，被放在幾個文明古國，其中包括埃及、墨西哥、南極、中國和波斯。這幾塊古碑合起來才能完全解讀，但從來沒有人見過五塊石碑合一。這五塊石碑分別用來教導當時留在地球的星族人和他們的後裔，一，如何提升DNA並重置DNA的神頻率；二，如何把身體的分子全部改變；三，加強內在證悟能力；四，重新連接宇宙合一之心；五，連接不同星系/維度的合一波頻；六，能幫助清晰地重新對齊所有宇宙密碼，然後對眾宇宙的星族開放；七，增強完整洞悉所有的能力——全知。

「這五塊碑是用類似波頻的雕刻方法，把星文蝕刻在礦物上。最原初製造這五塊礦板的星球是最接近源頭/神頻的，在另一個維度的星球，它們把石板分別傳給了獵戶座（Orion）和天狼星（Sirius），然後到地球的時候把它們埋在地球不同的角落，等待適合的時候就會出現。第一塊石板其實並沒有埋在地下，而是直接給了亞當和夏娃。

「伊甸園是原初其中一個外來星族所建構，是給地球星族人的理想國度，它在地球但也並不在，因爲這個國度是投射出來的，裡面居住了很多不同的星族，大家互相幫助，只要他們願意也是可以選擇離開返回原生星族的。

「有一點很重要，當時亞當和夏娃的故事並不如現在地球流行的版本。第一，他們所居住的伊甸園就是爲了給星族人住的，地球與這個國度中間是有相連著的地方，星族地球人可以自由進出而地球人就不能隨便進入。亞當和夏娃是原生地球人，他們對這個國度很有興趣，於是跟了其他星族人進入伊甸園並在那裡居住，其他星族人也沒有拒絕他們，把他們看成是跟自己一樣的族群。只是由於他們是地球人，對很多宇宙的知識還是混沌初開，所以一開始就告訴他們，這個國度有一個地方是他們不能隨便去的，那就是記載所有宇宙生命知識的地方。要知道在自然/源頭之下有無盡的宇宙，宇宙中有無量數的時空，每個時空有無量數的域，每個域有無量數的星球，每個星球有一個至多個界，每個星球的界數均不同，每個界均有或沒有生命。裡面記載每個星球的關係、基因譜、宇宙運行的律、自然生命的律、不同維度的進出方法、宇宙的形成、每個宇宙生命的形成、什麼是源頭能量？什麼是正邪能量？爲何會有？其實這一切一切的資訊對一個地球人來說是沒有可能消化明白的，他們必須經歷過生命，了解思考才能一步步教授。與其說這個不能吃的果子是生命樹，倒不如說這是一個認識關於宇宙、生命、源頭/自然的地方，收藏這些資料的也並不像一棵樹，反而像是選在半空高聳入雲的長形柱體，上面有很多發光的亮點，這個設置就像圖書館一樣，讓持有通行編碼的星族人進入，裡面可以跟別的星球/神界/源頭能量直接溝通，也是星族人進階上課的地方。

「亞當和夏娃之所以能夠進入，是有一個蛇形星族人帶他們進去的。這蛇首人身來自卡魯克族/加力亞珈星，和亞當夏娃是好朋友。他本身也並非來自高階的星球，所以沒有意識到把亞當和夏娃帶進去對他們的影響。他所持的通行編碼是二元性編碼，好壞、正邪、大小、黑白……所以這也是亞當和夏娃得到的訊息。一個普通的星族人會一直通過學習和經驗，循序漸進的達至與源頭能量相融。但亞當和夏娃一下子被拋進這個二元性世界裡，在這裡所學的，同時經驗的。他們對這一切是如此陌生難以理解……

之後的故事，大家也能猜想，他們其實也並沒有被趕出去，只是他們在過程中產生對自己作爲地球人的認識，也驚覺宇宙之大和深，他們發覺自己和星族人有著很大的距離而離開的。創建伊甸園的星族人管理層說：你們必須自己從生命中學習、思考、進步，然後有一天你們或是你們的族人明白了，就可以得到學習編碼再來學習。

從那時起，也切斷了伊甸園和地球連接的入口，地球人必須要重複學習，直到得到通行編碼才能進入，轉眼已過了無盡世了。至於那個卡魯克族/加力亞珈星蛇形星族人並沒有被罰，反而學習了很重要的一課，後來在地球的歷史裡，他們曾幫助很多地球人。當時，亞當和夏娃過了很久還不能平復，翠玉錄是爲了幫助他們和地球人的進階而給他們突破的密碼，經過當時在地球很活躍的獵戶座和天狼星（星族人傳給亞當和夏娃，也有一套完整的教程。）這塊石碑所說的就是如何提升DNA、重置DNA的神頻率，以及如何把身體的分子全部改變。後來亞當和夏娃把方法教了給兒子賽斯，而他直接傳授給了托特，也只有托特知道需要所有石碑放在一起才可以學習所有方法。他曾經學習所有屬於和不屬於地球的一切法和經典，希望能把其他石板找出來。亞當和夏娃最後是有衝破人類的

DNA圖譜限制，回歸伊甸園繼續學習的。」依拉給洛娃和素桑上了一課。

她們兩個帶著探索的心情，還沉浸在依拉所說的伊甸園歷史，一時還回不過神來。

「那麼地球的伊甸園故事是誰說出來的？」素桑終於能重整句子。

「是亞當和夏娃，但他們的版本也不是現在地球的版本，當中被改動了很多。」依拉回答說。

「哈哈！這個伊甸園故事從一開始就有很多讓人懷疑的地方，現在好了，你給我們說出來，反倒增加可信性。」素桑半帶笑的說。

「那麼你一開始提到要教我們提升和激活DNA的方法就是來自翠玉錄的嗎？」洛娃鍥而不捨的問。

「我將會教你們的是如何連結翠玉錄的方法，和通過這個方法來激活翠玉錄裡面的密碼。地球人的學習方法是給你一本書去學習，宇宙所教授的方法是首先要得到一個學習編碼，這個編碼能激活所需要學習的課程。每一個生物在不同時候有不同需要，這個編碼在你們預備好的時候就會出現。你們也不必去尋找，因爲你們身上已經有所有編碼，只是沒

有激活的能力。這個能力也可以說成是修行過程所會出現的狀態。」依拉解釋。

「那我們最少是達到了激活第一層的密碼了！」素桑說的時候和洛娃相視而笑。

10

地球第一支能量救援隊

有人在地底做核爆測試，雖然是用防衛系統在某特定地方引爆，但仍撕裂了好多地方，有些缺口越來越大，所以導致火山爆發和地震，尤其以印尼、義大利和日本最為嚴重。

「你們做的時候要先跟五塊不同顏色的翠玉錄連接，綠色、紅寶石紅、電氣石粉紅、海藍寶藍、金黃水晶黃、電氣石墨綠黑和紫水晶紫。如果你們想像不到就想像五個地球基本形狀，圓球體、正立方體、長立方形、三角體（金字塔形）、六角形體。把五個放在一起，重複以各種方法繪畫。

「第一，念的時候要把碑倒轉，把右手的拇指和尾指合成圈，中間三指的食指、中指和無名指合在一起像地球人宣誓那樣放在左手掌心然後念九次：

卡蘇嘛依亞目密塔米琨那娃蘇嘛

Ka su ma yi ya mu mi ta mi kun na wa su ma

「這樣可以激活身體第一層連接翠玉錄的密碼，幫助提升DNA並重置DNA的神頻率。如果做得好，第二步就能把身體的分子全部改變。然後用 AiAi jiji sisa wewewe 念十次。」依拉慢慢的解釋。

「就這麼簡單？」洛娃有點驚奇的說。

「你們覺得這個容易嗎？整個宇宙都是建築在這些圖形上的。當然還有其他，例如七面體、八面體、九面體、十面體和十二面體。每一個都蘊含著宇宙建構的智慧，而它們跟我們的原生基因有莫大關係。你們先完成這一部分，然後下一部分時候到了就自然會有指示。你們應該是會要把這些石板都找出來的。」依拉說。

「要怎樣才算完成？」素桑問。

「當你不再受外在環境影響，內心可以隨時跟宇宙心連接。你不用問了，做到了你自然會知道。我現在要帶你們回去，賽尼有重要事情找你們。」伊拉一面接收一面說。

她們從原路回到多瑪學院，發覺還有很多地方沒有去看，這個地方其實就像一個星球，整個都是多瑪宇宙學院，反而星子總部只是它的一部分。回來看到了賽尼、瑪雅和秋丘，兩個女孩眼神充滿笑意和喜樂，想必她們也有一番很好的經歷。

「你們要先回地球，你們的姊妹有重要的事情找你們商量，跟Mu、日本地震和新的世界秩序有關。兩個小孩可以留在這裡，我會給她們一些訓練的。她們完成後，我可以把她們送回去。你放心她們會絕對安全的。」賽尼說。

素桑看了看瑪雅然後問：「你要留在這裡嗎？」

「好，我也想看看有什麼訓練會給我！」瑪雅興高采烈的說。

「我要怎麼跟馬迭解釋？」素桑看著秋丘問。

「你放心！你直接跟他說就好了，他早就知道我的身分，他也是我們的一份子。我會給他傳個訊息的。」秋丘回答說。

「好，那你們就留在這裡，待我們把事情辦完後，在馬迭婆羅浮屠的家再聚吧！瑪雅你自己小心，有什麼事情就傳心給我吧！」素桑還是有點放心不下。

「可以的，沒問題我會照顧好自己，會聽賽尼和秋丘的話！」瑪雅還跟秋丘打了個眼色說。

素桑想看來她們兩個已經有什麼計劃，跟瑪雅擁抱後就由她們去了。

賽尼把素桑和洛娃送回婆羅浮屠，她們還是在那個月圓的夜晚，旁邊的人和景物都沒有變，素桑和洛娃相視而笑，時間看來真的不存在，應該說不是以我們所認識的方式存在。

她們回到住所，立刻跟艾璣和汐卡聯繫，艾璣一五一十的把之前在日本地底的所見所聞再仔細說一遍，又把現在發生的說出來，跟大家商量。

在大家還在思量的時候，她接著報告了一下多瑪宇宙申請爲慈善團體的情況，上次她們簽署後已交由會計師負責，現在只是在等政府的批准。另外還有設立網頁種種的進程。

素桑支吾以對，她的心在想艾璣、洛娃和自己的這些經歷和訊息該如何解讀，如何採取行動？

「艾璣，你說到在日本的蜥蜴人，還有地下基地，而當我和洛娃回來前，賽尼跟我們說這一連串的事情是跟 Mu、日本地震和新的世界秩序有關。你們覺得怎樣？」素桑覺得還是有一大堆的疑問沒有弄清楚。

「看來日本和地震是需要好好研究的，素桑你上個月不是也做了一個關於火山和地震的能量工作嗎？」艾璣問。

「對，那次收到做能量工作的訊息是因爲火山爆發的關係，但那次所要做的能量工作和範圍是很大的，我明顯覺得我們需要聚合多些力量。其實近日我在想現在地球各種的天然災害頻生，一個可以集合星族地球人的能量救援隊或許是時候聚集，朝著共同目標發揮力量。你們也知道的，地球正在處於一個十分困難的境況，地震、火山爆發頻繁，磁北極移位、颱風、海嘯、核爆試驗……等等，我們可以在多瑪宇宙裡成立一個能量救援隊，這個救援隊既能用遙距精神體來進行能量重整、清洗，重新連接能量線，甚至能在地震、火山爆發、海嘯、龍捲風、核子戰爭、減慢南極冰層融解、求雨等作出幫助，也可以用能量醫治傷者、幫忙逝者過渡等等。雖然這個救援隊一開始的時候不一定能得到很多人的接受，但假以時日必定能夠讓更多人接受和參與。也希望有一支能量救援隊能夠直接到達災區跟不同的救援隊一起合作，或有需要時做實地考察和能量工作，使用能量來治療和幫助地球和所有居住在地球的生物。

「我想如果這個團隊能夠成功，將會是地球上第一支正式的能量救援隊伍，也是人類對接受能量治療向前邁進一大步的見證。大家覺得如何？其實大部分的工作我們平常也有做的，只是現在我們正式成立一個隊伍讓更多有能力的人加入。」素桑說。

「這個理念不錯，地球確實需要有一支這樣的能量救援隊，而且地球內在的問題只會日益嚴重，普通的賑災只能在發生事後行事，而救援隊是可以在重大問題出現之前先幫助緩解、修補或調整能量。」艾璣十分贊成的說。

「但我們在收人時應該有什麼準則？我們不可能每個人都接受，因為這確實是需要一些在能量治療上比較有經驗的人才可以。可能我們需要有推薦要求，這樣就比較能清楚知道大家的情況。」汐卡說。

「好主意！除了有推薦外，我們可能也需要給隊員一些訓練，讓他們在接收、發放、校正和重置各種能量時，能更相信自己的直覺和能力，看清問題的癥結所在。其實我們最初做這些工作是因為接到指令而去做，所以也不是什麼也能做，沒有收到指令就是怎麼想做也不太成功，收到指令就像刷了二維碼會有各方助力，有時是天使能量，有時是不同星系，當然也看做的人跟那些能量比較接軌，海有海族，天有天族，還有天使族群、觀音、度母、Shechinah（女性能量）、麥基洗德（Melchizedek）、托特、彌勒（Maitreya）……很多很多，但如果要更高階的能量，就只能看每個人本身的機緣和造化。很多時候我們只是接收指令的執行者，至於最終的結果如何，我們沒有能力左右。」素桑坦白地說。

「你剛才好像還說了有可能需要做實地考察和能量工作，平常我們是一、兩個人自己想到就走，現在就可能是一隊人馬，當然我們可把它看成是特色工作旅行團，邊做邊玩著重內在修行和能量工作。不過經費方面就要想一想。」艾璣思量著說。

「經費方面應該沒有什麼問題，就當作是旅行團，比那些要付很多錢的靈性團要便宜很多，這樣就可以眞正集合一些有心的人來做事，同時他們是能負擔的。」洛娃說。

「對的，我們就是要聚合這班隊員，希望這個消息發出後可以聽到更多的反應，到時再一步一步摸索。」素桑很興奮地說。

「我想讓我們先從地震開始，過去這幾個月曾經出現過比較大的地震地方包括印尼、阿拉斯加、日本、台灣、伊朗、新疆、紐西蘭、義大利、萬那杜、巴布亞紐幾內亞、海地、委內瑞拉、墨西哥，其實小型地震是每一天在世界不同地方也會發生的，大部分很輕微的地震我們不會感受到，或因爲時間很短，稍震即逝，而大的地震除了傷亡人數、房屋倒塌、公路斷層外，可能有一些會影響地殼板塊的運動，這樣又會造成更多的地震或海嘯。今天早上我在打坐的時候收到一些訊息，覺得需要去一個在日本與台灣中間的海底，那個地方後來我查到叫與那國町（Yonaguni），我們需要去這個地方的海底做能量調整。與那國町位於沖繩島外面的海域，屬於琉球列島八重山群島最西端的島嶼，也位於台灣宜蘭縣東部外海，距離台灣宜蘭蘇澳港僅一百一十一公里。這個海底有一個建築遺跡可能有三千至一萬年以上之久，也是這個地方的旅遊熱點。

「這個遺跡也有很大爭議，有些主流地質學家說，這些遺跡群是因爲長年累月的海流自然形成的，但只要你看過那些照片，你就會知道那就像一個神殿，那個地方是成階梯狀的，像墨西哥特奧蒂華坎遺跡的太陽金字塔建築，我們就是要在那個地方做能量工作。這個地方我在上個月做火山爆發和地震能量時就做過，當時檢測到：

「一、有人在地底做核爆測試，雖然是用防衛系統在某特定地方引爆，但仍撕裂了好多地方，有些缺口越來越大，所以導致火山爆發和地震，尤其以印尼、義大利和日本最爲嚴重。

「二、有一個古老的封印被解除，有一些被埋藏在地球很遠古的力量將會復甦，那個時候我還叫大家幫忙減低地底撕裂，這樣可以稍緩火山爆發的情況，同時也要幫忙各種野獸、飛鳥和水族。」素桑邊想邊說。

「可能這個就是能量救援隊的第一個實地任務，當然我們還要蒐集多些資料，關於這個地方的能量和對地震所要做的工作。多瑪宇宙在成立的時候添加了一些新朋友，這些人都是各有所長的能量工作者，我想他們也會有興趣加入這個救援組，當然有些沒有經驗的朋友可以一步一步的學習。最適合到與那國町的月份是每年的十二月到五月和八、九月，那時的天氣和水流都比較適宜下水的，十二月份可能會遇上成群雙髻鯊的奇景，如果喜歡跟這些鯊魚暢泳的朋友也可以考慮，從來沒有雙髻鯊襲擊人的個案，但如果害怕的朋友還是可以選擇別的月份。我看我們可以選擇下個月前往，應該還不會太多人，大家覺得如何？這件事還是越早完成越好。你們可懂水性？有潛水證書嗎？」素桑把很多資料和問題一下子全說了。

「我有潛水證書，但多年沒有潛水和在大海裡游泳。」艾璣第一個回答。

「為什麼不敢在大海裡游泳呢？」素桑好奇的問。

「因為以前看過大白鯊電影後就不敢到海灘游泳，這種害怕的感覺到現在還是存在的。」艾璣回答。

「哦！」素桑想一想卻沒有追問下去。

「你們下水的時候，我在岸上替你們打點一切，反正你們下了水還是需要有人在岸上守候，我也可以在岸上做能量工作的。」艾璣說。

「我不諳水性，同時我覺得我要去閉關一年，現在剛好水晶店結業，孩子也已長大了，我也是時候好好閉關一年，所以這些任務我暫時是不會參加的，到時在閉關中如果接收到訊息需要幫忙，我自然會用精神體出現來助你們一臂之力的。」洛娃面帶微笑。

至於汐卡也沒有潛水證書，但她需要安排一下工作，不知道能不能去，而且也有可能沒有假期，所以暫時不能決定。

「好，大家分頭行事看看能否多接收一些關於與那國町、Mu、新的世界秩序的資料，我會寫一些關於這個能量救援隊的資料，然後發出去給適合的朋友，也讓他們推薦別人。另外，遲些也會把這個訊息放在多瑪宇宙的群組和網頁，看看別人的反應。如果沒有其他人，我也可以單獨或跟艾璣前往，但我想如果能有多些人，效果應該可以更強。」素桑看著遠方不知名的山峰，隱隱覺得這次行動跟以前的行動很不同，也複雜很多。

大家通完了電話，素桑看著洛娃說：「太好了，你可以好好去閉關，這也是我很想做的事情。」

「在水晶店結業的時候，我就知道是時候我要好好閉一個長的關，我在這個世界的任務和責任已經差不多完成，沒有比一個好好的閉關更適合我，畢竟沒有什麼需要做或不需要做的，一切已有最好的安排。」洛娃說。

「是的，我也在等待完成面前的任務然後靜靜的回歸沉默，讓生命回歸到最原初，最簡單而神聖的自然。」素桑說的時候想起和洛娃遇上的種種是那麼神奇與微妙。

「找到地方閉關了嗎？」素桑繼續問。

「還沒有，要找能讓我閉關一年的地方畢竟不多，有朋友說會幫我找找的。可能會在台灣！」洛娃說。

「台灣這個寶地確實是一個好地方，只是近年天災颱風地震特別嚴重，希望我們將在與那國町的能量工作也能改善台灣的颱風和地震情況。你可有看到有一篇關於台灣能量的報導？」素桑接著說。

洛娃搖頭並示意素桑繼續說下去。

「這篇報導是關於一個荷蘭科學家 Jaap VanEtten，簡稱亞柏，以探尋地穴能量而聞名，他以特殊工具探測棒及計算方式爲台灣的土地檢測能量，這個銅質的探測棒透過順時鐘或逆時鐘旋轉的方式能幫助判斷何處有穴點，能量類別和大小以至適合用來做哪一類治療和能量提升。他發現台灣的土地有驚人的能量，是他所測試過的國家的第一位。中間還提到台灣的好幾處公園能量程度比森林浴還要好。他還把台灣的能量對比了美國的塞多納和自己的國家荷蘭。塞多納在上世紀八〇年代開始就以擁有極強的治療能量聞名而每年吸引過百萬的遊客，同時也是遇到幽浮（ＵＦＯ）的另一個勝地。通常人們是爲了吸收這個地方的土地能量，達到治療病痛、提升能力和平衡身心靈的目的。根據報導荷蘭的能量值半徑是兩千五百公尺，塞多納是四千公尺，而台灣陽明山上的竹子湖及新竹的一處有機農場的能量值竟然是五千五百公尺，遠比秘魯、墨西哥、東非、比利時、德國、波多黎各等十個國家爲高，而野柳女王頭更測得人類靈性溝通最高層次的能量。那篇報導最後還說台灣是位於整個地球太極能量場的樞紐重心，是亞洲裡最領先的，因爲台灣擁有最強的指導靈能量包圍著，他認爲這些充滿能量的聖地需求將會越來越多，而台灣的聖地也會一一出現……云云。」素桑把那篇報導的重點說了出來。

「聽起來這個荷蘭科學家亞柏也是挺有趣的人，台灣的能量很好，去過的人都能感受到，只是沒有想過好得如此誇張，這可能也跟這幾十年在台灣大大小小的道場有些關係。姑且不論報導如何，但這個地方每年的天災頻繁，雖說是能量樞紐重心，但可能有些能量還沒有接壤，天極和地極仍處於游離狀態，我想如果能把台灣重新整合連接，加上這個地方原有的獨特土地能量，這個地方一定會萬人矚目，這孰好孰壞就見仁見智了，但如果能到台灣做個一年半載的閉關是最好不過了。」洛娃說。

「我其實不知道自己什麼時候會出關，總之你們努力，我會在不同的維度幫助你們的。」洛娃繼續說。

「好！」素桑說的時候和洛娃互相擁抱。

過了一天瑪雅和秋丘也回來了，素桑沒打算再留下來，而洛娃就去峇里島。瑪雅沒有把賽尼的訓練告訴素桑，她只說：「現在不能說，以後有機會再告訴你。」

素桑和洛娃在機場道別的時候，感覺會有一段好長好長的時間不會見面，心裡面有點不捨，但修行人法則斷捨離是必修課，在生命裡總會經歷這些，大部分時間素桑對這些人間離散沒有太大感覺，很多人覺得這樣十分冷漠，其實並不盡然。以前年輕時最不捨的是每一次離開老師時都有一種可能是最後一面的感覺，雖然明明知道老師並不止於肉體，但這個想法總會不由自主的生起，還有一次跟母親道別也有同樣感覺，因爲每一次的道別，沒有人知道何時會再相逢，是下星期，是明年，是這一生還是下一生。斷捨離不是要強忍心中的感覺，硬要把感覺推開或硬要去放下，相反的是擁抱了心中這種感覺，知道生命明白死亡，人生最大的恐懼是死亡，最大的幻象是生命，「觀」過後還剩下什麼？

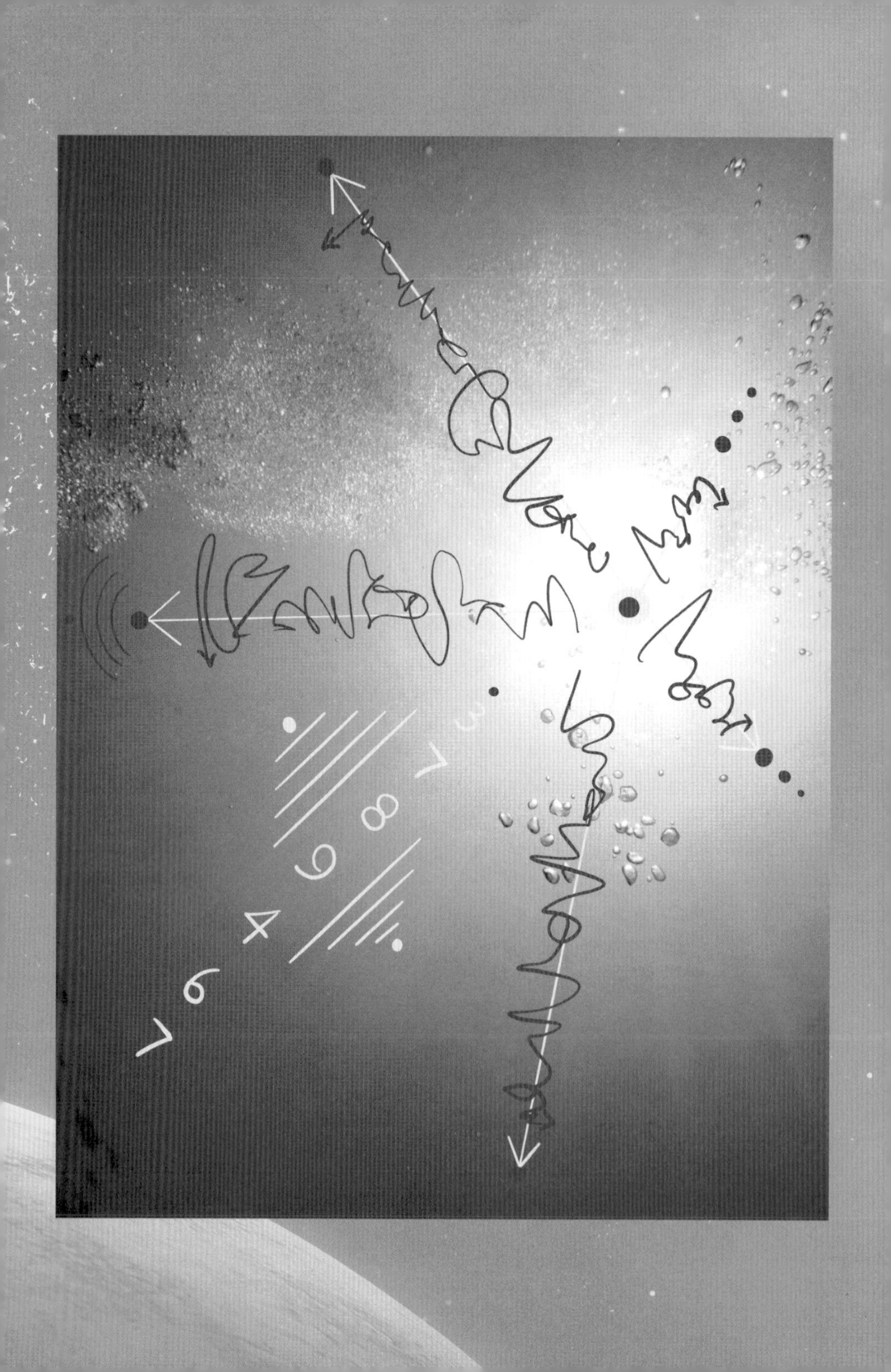

11 沉睡的海人

發現自己是海人一族，這一族在地球已經居住了超過三十萬年，但這一族最後有一些選擇居住在陸地，有一些則被封印在海底沉睡，他們現在是要甦醒的時候，所以素桑要去喚醒他們。素桑只知道海人掌握了很多在海裡生活的知識，如果地球的冰川融化，現在地球大半的陸地將會被水掩蓋，可能到時每個人類都要學習做海人。

艾璣、素桑和新加入多瑪宇宙的菲月與琉芝都會是這次去與那國町的隊員。素桑首先告訴她們最好先考一張潛水證書，這樣會比較安全。根據資料顯示，要潛到遺跡的所在地，約在海底二十二公尺左右，那裡水流是出名的急和險，對初學者而言是有難度的，所以最重要是裝備好自己，不要心急，一步一步來，能做多少就做多少。

素桑爲考取潛水證書，計劃先到以色列南部一個叫伊拉特的城市學習潛水。這裡整個城是沿著紅海而建的，雖然這個紅海並非摩西跨越的那一部分，但這裡水清浪靜，是出名的潛水勝地，而且水底有珊瑚礁，有顏色艷麗的熱帶魚，還有海豚，所以海底水族館是很多以色列人和遊客的熱門旅遊點。素桑試過在海豚灘潛水的時候，用心聲呼喚海豚過來，牠們幾條眞的就過來嬉戲。

伊拉特屬熱沙漠氣候，代表夏天又乾又熱，氣溫高達攝氏四十度。最熱曾經到達攝氏四十八點三度，冬天溫暖無雨。素桑現在在伊拉特氣候最宜人的時候，氣溫約攝氏二十到二十二度，水溫約二十一度。她約了另一位多瑪宇宙的成員也藍，他住在以色列南部的小農莊，擁有很大的農場和包裝場，產品多運往歐洲。也藍

伊拉特（攝影：Sara Levi）

三十年前拿了開放水域潛水證照，卻有二十六年沒有下過水，所以他如果想跟大家到與那國町，也必須要重新補課。素桑準備考開放水域潛水證照（到十八公尺水深）和高級開放水域潛水證照（到三十公尺水深），兩個接著學總共需要七天時間。與那國町的遺址大概需要到達水深二十二公尺到二十五公尺，所以素桑必須要考到高級潛水證照才有用。

他們用一個星期處理好手頭上的事情，還要做身體檢查、壓力測試等。以色列在很多年前就已經是首批國家有法例規定，年屆四十五就需要有醫生檢查並發證明此人並無什麼呼吸系統的毛病、心臟病、肺病等等，而且所有潛水課程都有包括保險費用。

那日天氣很好，素桑一大早就出門往南部去，也藍住在從死海到紅海的路上，相約在中途碰面，從他的農莊到紅海大概一個小時四十分鐘，由於不是旺季和週末，報名的人不多，除了他倆就只有一個臨時加入的以色列人。這個小伙子名叫湯馬，原來在服兵役的時候是潛水隊的，他們都很奇怪，他爲什麼還來考證照。

「第一，我服完兵役已經九年，這九年來都沒有潛過水。第二，以色列軍隊的證照不是國際認可的，我稍晚準備到馬爾他潛水，所以要拿個國際證照。」湯馬面帶微笑的對他們說。

他們上課的地點是一棟小院子的別墅，環境很好（他們稱它爲中心），全白色的設計很明亮，進去讓人覺得很舒服，外面有一個小水池，還有桌子椅子，各種坐墊，完全是度假的感覺，原來這裡還有房子可以出租，六人大房間、單人和雙人房，有廚房和煮食用具，當然還有很多潛水衣、氧氣筒、浮力控制裝置背心、潛水帽和鞋等等。所有上課的同學都會在這裡集合，因爲要帶齊裝備才可以出發。

第一天跟他們上課的老師是一個從俄羅斯來的中年猶太人，以色列猶太人人種眾多，尤以波蘭、俄羅斯、西班牙、摩洛哥等佔大多數，近年就多了很多法國和美國的移民。這位老師的名字是以歌，一個十分普遍的俄羅斯名字，他說他會負責教導他們頭兩天的課程，一些基本的技巧和練習。以色列的潛水課跟其他國家的不同，他們一開始就到海裡做練習，不會在游泳池，由於海裡有浪有石有暗流，剛開始的時候眞有點不慣，他講解了裝備如何穿戴應用、第一天在海裡要做的練習後，就帶他們到海裡。

那套裝備穿在身上，加上鐵塊和氧氣筒，重得簡直喘不過氣來，他們還要穿著這些裝備一直走到沙灘，只有下了水，才會因爲海水的浮力減輕重量。素桑和也藍兩個背著千斤重，舉步維艱的走到海裡。海水很舒服很藍，第一天他們學用氧氣筒和浮潛管子呼吸，潛水只用口來呼吸，剛開始不習慣，但慢慢的也就習慣了，同時學習如何把潛鏡裡的水在水底裡清除。

第一天他們只在淺水處潛了一會，但也可以看到水裡漂亮的魚群。素桑天生喜歡水，從小就常常游泳，特別喜歡海洋。小時候每每到海灘就高興得手舞足蹈。過去十幾年住在耶路撒冷這山城，與海隔絕，偶爾會到特拉維夫看海聽聽海浪聲，或在暑假跟孩子到海邊搭個帳篷住上幾天，但終究沒有很方便。游泳池已多年不去，因爲氯氣和化學物品太多，每次去都會覺得不適。然而水性是天生的，只要回歸到海洋就很高興。第一天的課程很簡單，回到中心還繼續給他們看影片，這是ＰＡＤＩ的潛水證書課程。回到旅館的時候他們都累得趴下了，不到八點兩個都相繼倒下了。

一夜無夢，第二天一早醒來還覺得有點累和不太能思考，不知爲什麼好像整個人有點不太清醒的感覺！素桑和也藍準備好了整天需要的蔬果食物，又開始去上課。當以歌給他們做簡介的時候，說有好些在水底裡的練習要做，譬如在水底脫掉浮力控制裝置背心和氧氣筒然後穿回，又要學會用肺控制身體在水裡面的浮沉。素桑的身體天生比較浮水，教練除了鐵塊外還不斷的給她添加石頭，好讓她能沉在水底。

當大家一起下水，開始在淺水處潛的時候，突然間也藍好像很辛苦說：「我不能呼吸，我快要窒息了。」素桑當時距離也藍比較遠，可是見到她把手放在喉嚨上一直說：「不能呼吸，不能呼吸。」以歌看到馬上游到她身邊看發生什麼事，他叫她放鬆一點，慢慢呼吸，也檢查他的氧氣筒和呼吸的口罩，一切都沒有問題，誰也不知道發生什麼事，也藍是有開放水域潛水證照的，她只是來補課。每一次也藍把頭放在水裡就作出很驚怕的樣子，臉色也越發蒼白，最後她提出要回岸上休息，依著潛水規則，教練以歌要先把學員送到安全的地方，才能會合素桑和湯馬。

素桑看著也藍突然想起，她覺得也藍是來考試，考的就是如何面對死亡，素桑大概一年多前跟也藍曾經討論過這個問題，當時也藍跟她說：「我明白死亡是什麼，我看通了。」素桑聽後不置可否，要知道是否真正明白只有通過考試才知道。想來宇宙永遠會以最讓人措手不及的方法出手！

當他們潛完第一節的時候，看到也藍坐在海邊，素桑問他：「怎麼了？你覺得怎樣？」

「我不知道，只是覺得很害怕，每一次在水裡呼吸就想，呼吸不到……快要窒息，越呼吸越急，然後心口開始痛，感覺自己的鼻子好像被人按住，越想呼吸越呼吸不到。」也藍坐在海邊回答說。

「你昨天不是好好的嗎？今天突然間爲何會這樣？你下水的時候有否跟大海連接？或許你嘗試在海邊靜心看看發生這樣的事情對你的啓示是什麼？」素桑在海邊平靜的與也藍說。

「昨天沒事今天突然是這樣的。」也藍無奈的說。

素桑看到也藍有點困惑，茫然不知所措，但心想也藍必須自己面對才可以。

休息了半小時後他們再次下水，以歌問也藍要不要再試試，也藍想一想後點頭，於是大家又穿好裝備下水。這次以歌一直站在也藍身旁，他們各自練習以歌要求的動作，例如盡量學會用呼吸控制身體浮沉、如隊友出現問題要如何救助等等。

也藍再次下水，可是不到幾分鐘她又說不行，沒辦法呼吸，現在的感覺更害怕了，她決定要回到岸上，以歌也就由她上岸。素桑根本不記得他們之後在海裡做了什麼，發覺自從開始潛水後，好像什麼也記不起來。是不是因爲不停吸氧氣導致一片混沌呢？

這天的潛水完畢後，大家梳洗，躺在沙發上雖然身體不是很累，但也藍在精神上已經有些失神，面孔蒼白有點驚恐後遺症的樣子。

「你有沒有想過你這次來並不是學習潛水，而是來面對死亡課題的考試？你還記得前一段日子你跟我說過看透了死亡，你還記得嗎？那個時候我就知道有一天這個考試會來的。」素桑對也藍說。

「誰要考我？」也藍說。

「宇宙，生命，你自己！你說看透了什麼是生死！看透了就要能應付，你本來就有證照，但竟然會出現呼吸困難，你自己好好琢磨，什麼是死亡？是誰死了？」素桑繼續說。

也藍聽後不發一言靜靜地在沉思。

第三天，今天以歌不在，換了一個叫巴布的年輕小伙子，看上去最多二十七、八歲，他好像很友善，但素桑不知道面對這個教練也是她的考驗之一。今天早上先在中心上課，湯馬不知道爲什麼沒有來，剩下素桑和也藍。也藍把自己的情形告訴巴布，不知道自己能否繼續。巴布叫他放心，他自己特別讀了一個課程幫助害怕水和在水裡有什麼特別驚恐的人的。

巴布跟素桑講解了今天要做的練習，也藍下水的時候，同樣的事情再次發生，巴布叫他鎮靜一點，然後叫他用背平躺在水裡浮著。素桑聽到巴布叫也藍呼吸放鬆的浮著，他一直在也藍身旁很輕聲的安撫了她良久，但也藍好像還沒有克服，每一次叫她把頭放在水裡用口中的氧氣呼吸，她便沒辦法呼吸，終於他要回岸上休息，素桑看到當時的也藍已經有點虛脫的樣子。

巴布對素桑就有點不一樣，他常常說素桑沒有聽他的，但素桑自問是眞的有聽，只是到他打手勢叫她做的時候，素桑不知道是記錯還是沒有明白他的意思，這是第一天跟巴布練習，情況還好，跟著的兩天簡直有點是惡夢。第四天也藍說要休息一天，靜靜的想一想該如何面對死亡，所以他沒有上課，湯馬回來繼續。這天巴布覺得素桑沒有好好的跟隨他的指令，例如加氣、放氣、擴張肺部、停在四公尺深海底不能超過或下降，當然，在水中他也會罵的，只是沒人聽到，後來離水後就罵個不停。

素桑最初也回他說：「是有聽的，可是不知道出了什麼問題。」後來也就不回話了。素桑越沉默，巴布罵得越兇，最後素桑獨自游回岸上，這一下可觸動了巴布的神經！他眞的破口大罵，素桑仍然默不作聲，整個人在毫無意識下開始念咒文：一開始念的是Om Namashivaya，然後轉到六字大明咒。這些都是素桑很多年前持過一段時間的咒文，但也很多年沒有念過。這天就像一個自我保護機制，「自己」無意識間在保護自己，當素桑發現咒文從口中而出這一刹那，感覺整個氣場都在改變，她感覺身邊形成了一個保護罩，而且海水的能量也逐漸受咒文的影響而改變。素桑自己慢慢走回岸上，心裡在想這次要她面對的是什麼？當然「自我」是一個課題，但素桑應該並沒有捍衛「自我」，她採取的是沉默面對，只是內在的「自己」在默念咒文。她坐在海灘上靜靜的等待他們回來。

他們回來時巴布給潛水學校負責人費查打了通電話：「我不會通過素桑到高級開放水

域班，甚至只會給她水肺潛水證書，其他都不給。」素桑聽後第一個反應是，若這樣就考不到潛水證照，也去不了與那國町，然後就完成不了工作……一想到這裡她的腦袋就開始在轉，她告訴巴布：「我也要跟費查講電話。」於是巴布把電話給了她。

「費查，現在巴布說我所做的都不達標，我想請你來跟我做一個測驗，看看我能否把所有的練習做一次，再者你們是開潛水學校的，總會有很多學生，巴布其實已經罵了我兩天，我覺得不停的罵人只會有反效果。如果他不讓我通過，我只能要求更換導師。」素桑直截了當的說。後來不知道費查跟巴布說了什麼，他稍有緩和的跟素桑說了一大堆，他解釋了什麼？素桑一點也記不起。只是跟著多潛一節的時候，這一節他們是潛到十八公尺水深，素桑很快就適應了水中耳朵的壓力，她發覺自己在潛水的時候一直在持咒，就像是爲海裡的生物和海洋而念的。離水的時候突然間巴布跟素桑說：「你明天可以上高級開放水域班。」

「好，謝謝！」素桑摸不著頭腦，也不想再問下去。

回到中心素桑問湯馬和也藍：「你們覺得怎樣？覺得我改變了嗎？」他們也不知道是

什麼原因巴布會這樣，只是後來湯馬說了一句：「可能因爲他是新畢業的教練，有點緊張。如果他們所簽的學員在頭五次潛水有什麼意外，這個教練要接受調查，才會讓他如此緊張。」

素桑聽後不置可否。回到酒店她問也藍情況？

「現在還沒能完全放下，但我明天會下水再次面對的。」也藍說。

「你呼吸的時候是用什麼來呼吸的？」素桑問。

「口和鼻。」也藍說。

「爲什麼是口和鼻？應該只用口。」素桑說的時候，也藍突然間想起這幾天鼻子因爲帶了面罩，鼻孔被堵住所以沒法呼吸。他現在才恍然大悟爲何一直覺得不夠空氣，那是因爲他口鼻齊吸，所以只能呼吸到一半的空氣。

「爲什麼這幾天都沒有發覺這個問題？」也藍說。

「其實問題不是這一個，可能因爲你另外一個問題面對了，所以這個問題的答案就出現了。」素桑說。

「你怎麼能夠不用鼻子呢？」也藍問。

「你就當沒有了鼻子只用口來呼吸就可以了。」素桑如實相告。

「那你呢？如何應付？」也藍反問她。

「我每一天都是見步行步，一天一天的過，每一刻都不知道下一刻會如何，特別這個課程每一天猶如雲霄飛車那樣。」素桑回答說。

那天夜裡素桑在冥想的時候，覺得在比較深的海底是有些能量工作要做的，所以她必須要努力做到最後一天，去到三十公尺水深的課程。這幾天常常被罵的原因，可能是每一次潛水的時候整個人就像在一個冥想的狀態，思維也像被水洗得乾乾淨淨，每一個呼吸是那麼寧靜，只有當下。她在海洋是那麼自然、那麼高興。還有，她感覺到自己跟海有一個很深的聯繫，一直憑著這個感覺，追查發現自己是海人一族，這一族在地球已經居住了超過三十萬年，但這一族最後有一些選擇居住在陸地，有一些則被封印在海底沉睡，他們現在是要甦醒的時候，所以素桑要去喚醒他們。素桑只知道海人掌握了很多在海裡生活的知識，如果地球的冰川融化，現在地球大半的陸地將會被水掩蓋，可能到時每個人類都要學習做海人。素桑想如果自己是海人就簡單多了，她只要把自己曾經是海人的特質拿回來，就一定可以把這個潛水證書考到。她打坐的時候就把過往做海人的感覺和現在結合，那個晚上她朦朦朧朧覺得自己睡得很少，好像有人不斷在她身體做整合。第二天醒來的時候覺得一點也不累，還有一點，從她開始潛水，她一直覺得自己的思維有點混沌，好像不太能思想，那天醒來就好起來了，再沒有那種混沌的感覺。

這一天早上也藍裝備好了自己再次下水，這次潛水的意義對她來說非常重大，因爲她開始眞正面對了自己所追尋和所害怕的東西。巴布叫也藍一直拉著她，也承諾會一直站在她身旁的。這次也藍鼓起最大的勇氣再次下水。素桑一直離遠望著她，看來也藍這一次可以在水裡呼吸了，過了好幾分鐘，沒見到他把頭伸出來說呼吸不到，看來他過關了。素桑很替也藍高興。可是也藍沒有跟足整個上午，因爲他們今天是要潛到十八公尺的，巴布覺得也藍還沒能完全控制好自己，所以另一部分她就先上岸。

昨天最後練習的時候他們做了CESA（緊急控制提升），昨天素桑還是做得好好的，但再練習的時後又有點出錯，所以巴布又大發雷霆。

「對不起，是我有點混淆了。」素桑說。

「你昨天明明做到的，爲何今天又不聽我的指示？」巴布說。

「我也不知道，突然間弄錯了，以爲做了手勢再三次呼吸才上水，應該是做了呼吸給你做手勢就上水。」素桑想一想然後說。

「你這樣我是不能讓你通過高級班的，我罵你是因爲你的生命對我來說很重要，我不能承受有人因爲我教出來不達標而死了，你自己可以選擇去死，可是我不會承擔這份責任。我的兄弟已經死了我不能再承受了。」巴布慢慢的說出來。

素桑聽後有點詫異，她聽得出巴布的誠懇，素桑開始明白面前這個小伙子心中的痛楚和愧疚感，雖然並不知道來龍去脈，而她並不打算追問，因爲這顯然是個傷口，只是巴布可能需要多一點的時間和對自己寬容一些。他對素桑的反應可能就是他對自己潛在的苛刻表現。素桑看著，心中對他多了一點尊重，畢竟每個人背後都有他自己的故事。

「巴布，你放心！我會好好保護自己的生命，我活到這把年紀，生命很珍貴，如果我覺得有危險或自己應付不來，我絕對不會做的。」素桑最後說。

「哈！你太棒啦！我們都很愛你！」巴布帶點開玩笑的說。

「大部分人都很愛我的。」素桑還以顏色的說。

下午那一節潛水突然間對素桑毫無難度，她開始享受在海裡做海人的感覺，同時一邊潛一邊持咒。巴布帶他們去看一些水底山洞，也看了一個用木頭搭成的棚架，當然它們已經佈滿青苔，在水底裡魚群在穿插，他又告訴他們哪些魚是危險的，也帶他們看不同的珊瑚。這一節很快就完畢，最後巴布跟她說：「我們休息過後還有一節，如果你一直能表現這麼好，我明天就帶你潛到三十公尺的水域！」素桑聽了後急忙點頭稱是，心想離自己的目標又邁進了一步。雖然今天潛的時間較多，大家也有點累，但大家還是奮力繼續。第三節被罵的人竟然是湯馬，好像因爲他沒有做好呼吸控制身體升降和平衡耳朵壓力的問題，如果耳朵壓力平衡不佳，嚴重時是會讓聽力受損，所以這是十分重要的。素桑倒是沒有什麼問題，既沒有出錯也沒有被罵，同時要做的練習竟完全過關。

當他們回潛水中心的時候，巴布跟素桑說：「你明天可以跟我到三十公尺水深處，你今天都依著我說的做得不錯。」

「眞的嗎？謝謝！」素桑高興極了，雖然對明天的三十公尺水深也是有點擔心，但不管怎樣已經走到這一步，必須要努力完成才可。

回到酒店素桑和也藍坐在陽台看著海上的夕陽說：「恭喜你！今天克服了死亡和呼吸的問題，其實對你來說，今次這事件你的感覺是什麼？」

也藍想了一想然後回答說：「我是帶著恐懼的心情來這個潛水班的，不過剛開始時我還不知道自己怕的是什麼。第一，我不是個很喜歡游泳的人，以前考證照是因爲還有一個年輕的資本，現在這個年紀再下水是有點困難的；第二，當我第一次在水裡不能呼吸時，我就知道這是一個對死亡的考驗。當時我很害怕，眞的感覺快要死了。而當我在海邊等你們回來的時候，看著平靜的海面，那個死亡的念頭斷斷續續的浮現。到今天我下了水，但我還是不能完全放鬆和思考。我只能專注在呼吸上盡量要自己不要用鼻，我不是要征服恐懼，而是要眞眞正正的知道我是誰。因爲我的無知掩蓋了事實，雖然我每天都有詢問自己我是誰？我眞的以爲自己知道了實相，但原來我是那麼脆弱，經不起考驗。」

「其實我覺得你已經做得很好，眞正以身體來面對死亡是很難的課題，因爲身體是眞的會死的，你擁有的這一次機會是很珍貴的，因爲它讓你眞正在當下面對生命最重要的問題，而且一直有人拉著你的手。我眞的很替你高興。」素桑看著如金色蛋黃的夕陽慢慢下沉時說。

這一晚素桑在冥想的時候，一直感覺到曾經是海人的自己，好像經歷過和陸地人的戰爭，也因爲這樣有好些海人死了，其他剩下的選擇躲藏到更深的海底或選擇被封印休息。被封印後他們會有一層保護罩包圍著，讓他們能安心靜養不會被外界打擾。素桑選擇了到陸上居住，學習陸地人的思維和溝通方法，並等待時機幫海人解除封印。其間她重重複複的在陸地人的生命裡打滾，甚至已經忘了自己有這個責任，可是現在時間到了，她又被安插在這個時候回到海裡。她心底裡不知道爲什麼有一點緊張，可能是水的深度，也可能因爲不知道要如何解開封印，但她知道指示一定會到來的。

這晚她睡覺的時候還是覺得身體又再被重新整合。素桑很早就醒來，天還沒有亮，但她覺得今天一定是很好的一天。素桑突然間想，如果自己是海人，在水裡呼吸是否不用帶氧氣筒？然而她始終沒有嘗試過……

早上也藍跟她說：「你要努力，你一定會成功的！」

接過也藍的祝福，他們就回到潛水中心。大家開始穿好潛水衣，把所有需要的儀器、氧氣筒等拿到車上。早上費查還特意鼓勵，和他們做講解，叮囑小心，如果在水底走散了，在水底等一分鐘，找不到他們就自己慢慢游上水面，記得在五公尺的時候要停留三分鐘，手上的潛水計時到五公尺的時候會不停的閃動，這時要在那裡等三分鐘。因爲三十公尺水深要小心耳朵受壓，需要時一定要做平衡耳朵壓力的動作。巴布叫素桑在氧氣壓達到八十的時候就要給他打手勢，他也會隨時向他們出手拉開氧氣罩和眼罩，脫掉蛙鞋等等。

素桑開玩笑說：「巴布你的代號是魔鬼導師，這個名字最適合你。」

巴布還給素桑扮了鬼臉說：「這個名字很好我很喜歡。」

於是他們一行四人又再次出發，這天已經是第七天，課程的最後一天，只要成功完成，素桑就可以拿到這張高級開放水域潛水證書。

也藍在第一和第二節潛水都不會跟隨，因爲水太深了。剛開始的時候素桑的眼罩不太舒服，不停的入水，後來巴布幫她調整好。他們依著一個斜坡往下潛的時候，湯馬因爲水壓問題一直不能往下，覺得耳朵不舒服。潛到大約十二公尺的時候，巴布示意素桑暫時停在那裡等一等，素桑示意ＯＫ。她往後看原來湯馬下潛不到一半，應該是耳朵出了問題。素桑索性坐在這個斜坡上，她一直看著前面滾動的藍調海水，在這個水深沒有很多魚的世界很清靜，心中開始默默念起了一些她不懂的語言，這些音節好像會隨著水流一直擴散出去，前面出現了一個帶著光的門戶，素桑開始揮動雙手，默默念著那些音節，她覺得自己是用了不同手印把這個門戶開啓。這些光慢慢把素桑包圍著，她覺得這些光很暖很舒服，隱約看見裡面有很多水族的人和生物，好像還沒有醒來的樣子。素桑正在想要不要進去的時候，巴布潛過來示意素桑繼續往下潛，素桑估計巴布是看不到這個門戶，原來這個門戶是可以移動的，素桑一直往下潛的時候門戶是跟著她。她想還好，沒有進去那帶著光的門戶，如果在這個海底消失了，或坐在那裡動也不動，巴布可能會瘋掉。

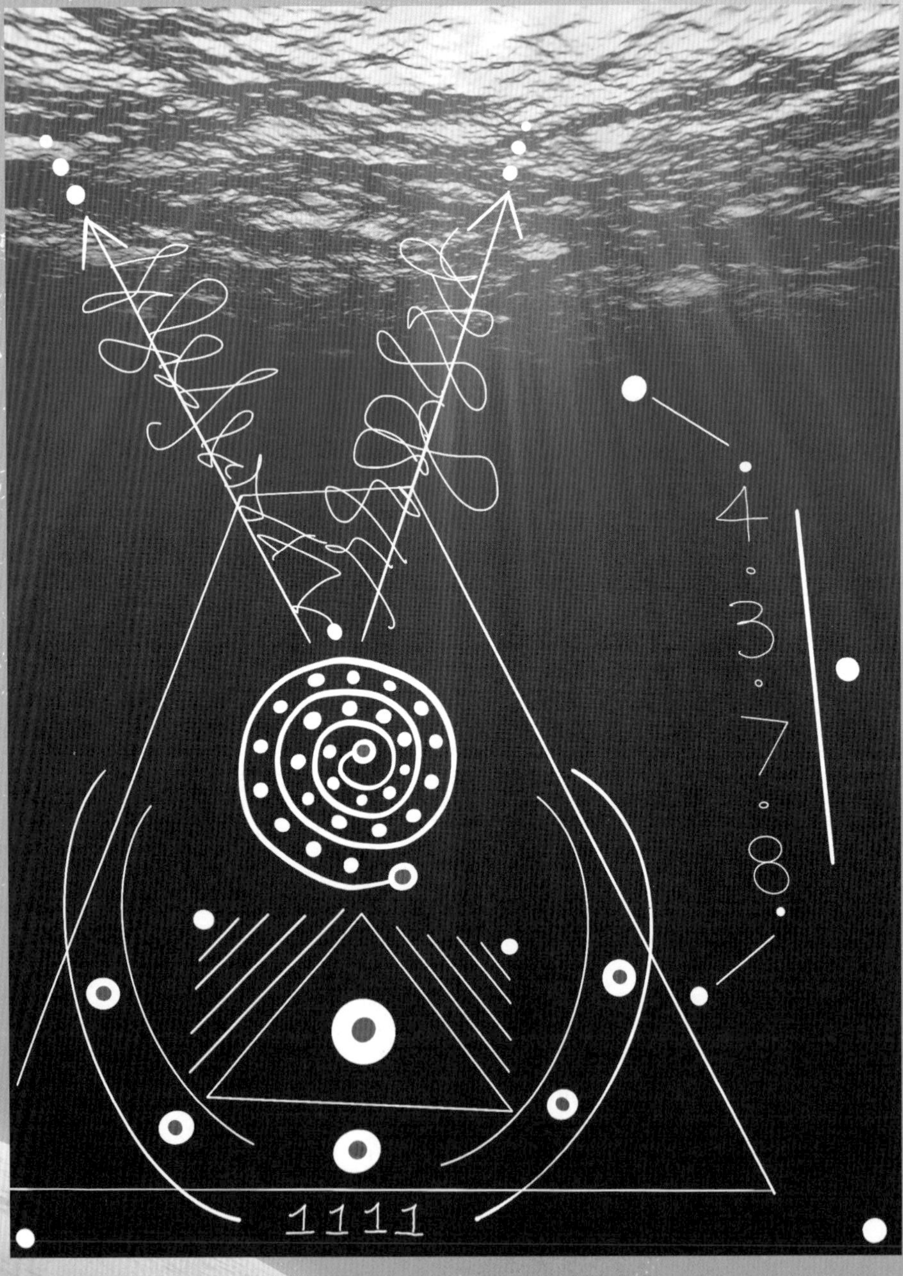
4
3
7
8
1111

12

與那國町的海底遺址

大家可以想想我們從小所看的故事、人物、電影，和傳說的神祇，有些是虛構的，譬如孫悟空，但祂在第九空間會是一個真實的生命，因為我們的念給祂賦予了能力，然後慢慢經過很長的時間，讓祂物化，祂會真的在第八空間出現，存有在第八空間真正的肉體。如果從這星族自然道派的星人的方向來想，日本集體意識裡是否已經創造了這些災難，和創造了拯救災難的人？

他們一直往下潛，潛到大約三十公尺的時候有一艘沉船，素桑看見水壓表甚至超過了三十公尺一點點，當然他們是盡量留在三十公尺不能超越的。巴布用水底攝影機替他們拍照，還要他們做不同的動作，這時素桑要一心二用，一方面跟著巴布的指示做，另一方面繼續在心裡念那些音節。有些音節的意思大概是：醒來！快醒來了，你們快快醒來。素桑覺得她在海裡重重複複的這些音節連在一起就像唱歌。感覺上他們還沒有完全醒來。但時間到了，巴布慢慢引領他們回到水面。素桑還是繼續在唱歌，那一片光就是封印的入口，現在封印解除了光也慢慢的散去，海人族已經慢慢甦醒，最重要是，素桑聽到她將會負責很多在海裡的能量工作，因爲陸地有很多人做，能下海的寥寥可數。

當藍光正要散去的時候，有一個影像從藍光裡走出來，他跟人類沒有什麼分別，只是不用戴氧氣筒，他的皮膚像穿了銀薄魚鱗片的緊身衣，他坐在一條黑色大魚身上游到素桑面前，跟她輕輕碰了額頭並用心語說：「醒來了，大家醒來了。海是你的家，你要多回來。」說完後他在素桑的手掌刻了一個能量圖騰並說：「你帶著這個圖騰在海裡，所有海裡生物、靈物都會把你視作同類會保護你。我們會再見的。」說完後就回到消散的藍光中。素桑看著他的背影覺得十分親切。

素桑不知道其他人有沒有見到這一幕，但巴布只是示意還要考他們在沒有氧氣時的應變能力，素桑想也沒想便過去抓著他，然後把後備氧氣筒給他，再示意巴布把手放在自己的浮力控制裝置背心的帶子上緊緊拉著。終於素桑過了這關，還沒到五公尺水深的時候，素桑看見巴布把後備氧氣給了湯馬，以爲他們在考試，後來才知道原來湯馬未到五公尺水深，只剩下三十五的氧氣。他們潛到五公尺水深的時候停在那裡等三分鐘，做完後素桑也示意巴布她只剩下最後五十。巴布說沒有問題，因爲他們現在會慢慢上岸的。他們返回岸上，看到也藍在沙灘等著，素桑給了他一個OK手勢代表完全過關，也藍給她一個讚！

巴布後來對素桑說：「我不得不承認你今天做得很好。你完全達標。」素桑報以他一個很燦爛的笑容。

最後的兩潛沒有很特別，素桑繼續在海裡念音節和做手印，有很多魚兒游在她身旁，還是不斷的在唱頌叫他們快醒來。唯一在經過山洞的時候素桑的左手中指不知道爲什麼被石頭劃破了一條傷痕，在水裡的時候不覺得怎樣，但岸上就發覺手在流血，她念音節的同時，用自己的血來解開封印。

最後，素桑順利考取了這兩個開放水域和高級開放水域的證照。素桑很高興，認爲她距離到與那國町又跨進了一步。回到中心費查說素桑是巴布第一個學生。素桑說：「那你以後都會記得我，因爲我是你第一個學生？」

「就算你不是我的第一個學生，我也會記得你的，在你身上我也學會了很多。」巴布說。

他們就像是一家人那樣互相擁抱，其實素桑覺得他們都是海人一族，只是他們不知道罷了。終於他們又遇上了。

這一個星期就好像坐雲霄飛車一樣，永遠不知道下一秒會如何。素桑只能活在每一個當下所呈現的，唯一知道的就是一定會成功的。

素桑告訴各位姊妹她終於考到這個潛水證照，她們現在可以準備與那國町的行程。大家商量好了日期，回程時還要到台灣多走一圈。也藍說他會繼續練習直到考到高級開放水域證照爲止。

素桑跟菲月與琉芝都是幾十年朋友，雖然有些年不常見面，但需要的時候便會聚合。菲月是保險公司高層，身形高眺亮麗，活力十足而且近年埋首調理身體，斷食排毒，所以看起來只有三十開外，她曾經試過各種宗教方式，從天道教到基督教，現在似乎更享受歸於自性的平靜，亦接受自己是星族地球人的身分，一切簡單從容。早年的她遭遇不盡如人意，壯年的丈夫死於癌症，帶著一子一女堅強的活著，嘗過人間冷暖，可幸的是她還懷著年輕時的赤子心，沒有被三維世界的殘酷而動搖。現在她正籌備承接洛娃的水晶工作，洛娃退休打算閉關，而菲月則會接任，她會幫助水晶重生，並爲水晶的能量找到適合的居所，讓每顆水晶發揮在地球的作用。

琉芝雖然體形瘦小，卻也是一等一堅強的女子，早年離婚帶著兩個子女爲生活而拼搏，現今他們都長大了，兒子念完大學，女兒也快畢業，琉芝也可以開展自己的第二生命，真正做自己喜歡的事情。她是一位治療師，專長運動創傷治療，亦有一部量子儀器可以改善很多疾病，她還投資了一個服務器，可以在同一時間醫治很多人。最厲害的是她的求知欲在過去二、三十年裡沒停下來，學習不同的課程，從美式足球教練、佛學班到內丹功和道德經課程也會報讀。這次的與那國町能量工作對她來說非常新鮮，她正在慢慢摸索接受自己和相信自己的能量。素桑覺得她的能力並沒有問題，只是她需要相信自己並尋找擺脫過往的路，堅強找歸家的路。

這個與那國町能量工作行程會由台灣出發：因爲從台灣去比從日本去要近很多。由東京到與那國町是二千零三十五公里，而從台北過去是一百六十二公里，所以大家都贊成由台北轉機到與那國町。她們一行四人相約在台北桃園機場集合。素桑在紐約念書的時候，有一位很要好的日本同學，後來這同學回日本後就失去聯繫，試過很多方法也找不到他的下落，希望有一天他會再次出現。如果不是這次任務，她應該不大可能前往日本，以前有一些歷史因素，近年特別是二〇一一年福島第一核電廠事故之後，完全沒有想過會去這個地方，因爲輻射委實太大，然而福島的核子污染通過海水其實已經圍繞了地球幾個圈，但既然這個地方對她並不特別吸引，所以也沒有去的念頭。現在可能時候到了。

至於菲月，以前常常去日本，福島事故後也就再沒有去過。大家在桃園機場的時候，她說：「日本是一個非常有趣的地方，並不是它的時裝、戲劇、街頭文化、食物、太空科技、機械人，相反是日本人的思維方式。如果大家有看過日本的一些怪獸電影如哥吉拉，各種超人拯救世界，例如以前的超人力霸王馬克斯、鹹蛋超人、現代的力霸王奧特曼至超人力霸王雷歐、超人力霸王GEED、超人迪加世界末日等……就不難明白他們對自己的國家，甚至對地球被毀滅的一種想法，而且這些故事是重複又重複的在日本幾代人的身上埋下種子的。這與他們專注於太空科技和機械人，不無關係。

「日本列島位於幾個大陸和海洋板塊相遇的地區，這是日本頻繁發生地震的原因，如果地震發生在海洋下方或靠近海洋，它們可能會引發海嘯。日本很多地方都經歷過毀滅性地震：日本歷史上傷亡最嚴重的關東大地震，於一九二三年襲擊了東京周邊的關東平原，造成超過十萬人死亡；一九五五年一月發生的阪神大地震，造成六千人死亡，四十一萬五千人受傷，十萬所房屋被完全摧毀，十八萬五千所房屋遭到嚴重破壞；還有二〇一一年三月十一日，日本有史以來最強烈的地震，引發了日本東北部太平洋沿岸的大規模海嘯，被稱爲東日本大地震的地震，而隨後發生的海嘯造成近二萬人死亡，並導致福島縣的一家發電廠造成核事故。

「這些大家都知道，但那些居住在那裡的人心想的是什麼呢？他們對生命對死亡的感覺又是什麼？如果按照艾璣所說，蜥蜴人居住在他們的地底，他們有那些念頭會想到這些怪獸就一點都不奇怪了。可能以前有人曾經見過蜥蜴人，把他們的樣貌感覺畫出來，也可能是蜥蜴人從中誘發他們把這些概念放在日本人的精神思維中。你們覺得有沒有可能？」

菲月滔滔不絕的把她的觀察與提問說出來。

菲月說完後，所有人沉默了幾秒，實在沒有人能答上一句，一則大家很久沒有看過這些日本超人電影，二則是大家從來沒有這樣想過。倒是艾璣接得上說：「依照你的說法，倒令我想到另一個很重要的點，這個點是一個星族自然道派的星人曾經跟我說的，那就是人類思維的力量，人類的念就是一個創造的過程，不管你的念頭是無盡的太空還是健康的身體或是很多財富，只要有念就可能會實現，就像一個天文學家找到的恆星、宇宙黑洞，究竟是先有這些星體還是因爲我們不斷在尋找所以它們出現？其實只要你想，然後付諸實行，它就會出現，只是時間不由我們控制，因爲這裡面是要經過三個空間的。依它所說，我們現在身體的空間叫第八空間，而我們的靈身所處的空間爲第六空間，我們的生命源頭就是第一空間。第一個空間是人的法身，是生命源頭，是道；第六個空間是靈身，就是靈魂居住的空間；第八個空間是肉身，而這三個魂都是住在肉身之內，在第六空間的叫靈，而在第八空間的與魂合在一起的才叫靈魂。當有能力跟第六空間的人溝通的時候叫通靈，而當人有能力跟第一空間的法身溝通時，這個法身就是那個人的生命源頭——道，這個溝通能力就叫『得道』。所有民間的問米、碟仙、筆仙、銀仙、扶乩等就是通鬼（這些在他們的星球是禁止的），至於要分辨什麼是一些高階老師、能量或外來的訊息，就要靠每個人自己的修爲。它也有提過正神、正佛能量太高，通常不會隨便越界，反而一些小神小仙會這樣做，但普通地球人是不容易分辨的，因爲大部分人從來沒有見過正神正佛的能量，所以對一些小神小仙，甚至其他星族人的能量就已經膜拜不已。這位星族自然道派的星人給了我幾個指引：

「第一，無論這個能量給你的是什麼名字，那只是一個切合你當時所需要聽的名字，所以不需要執著於這個名稱。

「第二，不要胡亂相信所接收到的能量訊息，要沉默的觀照。

「第三，要審視自己的欲求，這是否是自己的念頭在講話。

「第四，等待。通常在沉澱和等的過程，會對接收的訊息有新的理解。

「第五，要心懷慈念，不管所接收到的訊息是什麼，必須要於人於己均以慈爲首。

「他還說，如果我們創造出來的念頭有人相信的，就會存在於第九空間，例如超人或怪物、孫悟空，甚至一些精靈，神祇只要有人相信祂，祂便會在第九個空間生存，越多人接受和想祂，祂的能力就會越大。祂的生命是我們思想的產物。大家可以想想我們從小所看的故事、人物、電影，和傳說的神祇，有些是虛構的，譬如孫悟空，但祂在第九空間會是一個眞實的生命，因爲我們的念賦予了祂能力，然後慢慢經過很長的時間，讓祂物化，祂會眞的在第八空間出現，存有在第八空間眞正的肉體。如果從這星族自然道派的星人方向來想，日本集體意識裡是否已經創造了這些災難，和創造了拯救災難的人？」

艾璣說完後，大家沉默半晌還在思索中，日本、災難、蜥蜴人、念頭……大家在這片迷思下登機前往與那國町。

十二月的與那國町有點熱，這裡的熱帶雨林氣候讓人感到整個人一下子就懶洋洋，蔚藍的天空，陽光有點猛，微風吹來帶著濕氣，她們一行四人上了預先訂好的車到酒店，放下行李然後直奔替她們安排這次潛水的公司，接待的是潛水導遊近藤先生，他詢問她們的潛水經驗，並檢查保險，給她們看了整個水底遺址的地圖，主要遺址是一個長約一百五十乘四十公尺和約二十七公尺高的矩形地層；頂部爲海拔約五公尺。地圖顯示：

- 兩根相隔很近的大柱，位於表面二點四公尺範圍內

- 一個五公尺寬的台，三面環繞地層基部
- 一根約七公尺高的石柱
- 一面直牆高十公尺
- 一塊在低平台上孤立龜形的巨石
- 低星形平台
- 三角形凹陷，邊緣有兩個大孔
- L形岩石

他認爲大家今天可以先在比較淺水的地帶練習，習慣一下這裡的海水，這裡跟紅海不一樣，海流比較急，然後囑咐她們好好休息，明天早上可以正式潛到遺址的位置，看看大家的能力如何！

大家晚上在研讀資料，在二十世紀八〇年代，當地潛水員在島的最南端發現了一個水下岩層。這個與那國金字塔（Yonaguni Pyramid）有樓梯狀的露台，平坦的側面和尖角。

直到一九八五年，日本的潛水員 Kihachiro Aratake 在與那國島南岸海域潛水，發現了一些不尋常結構，經檢查後覺得這可能是一個人造的梯形結構。他相信自己發現了一個沉沒的城市，他宣佈了這個消息但並沒有掀起什麼迴響。後來，於一九九六年，日本琉球大學的海洋地質學家木村正昭（Masaaki Kimura）教授開始調查。雖然木村教授認爲這是屬於古代文明的遺址，但其他學者則認爲該結構是自然現象的結果。日本政府也沒有提倡保護這個遺跡。

大家看著這些資料不知道明天會發生什麼事，可是大家都有點興奮，畢竟看著這個

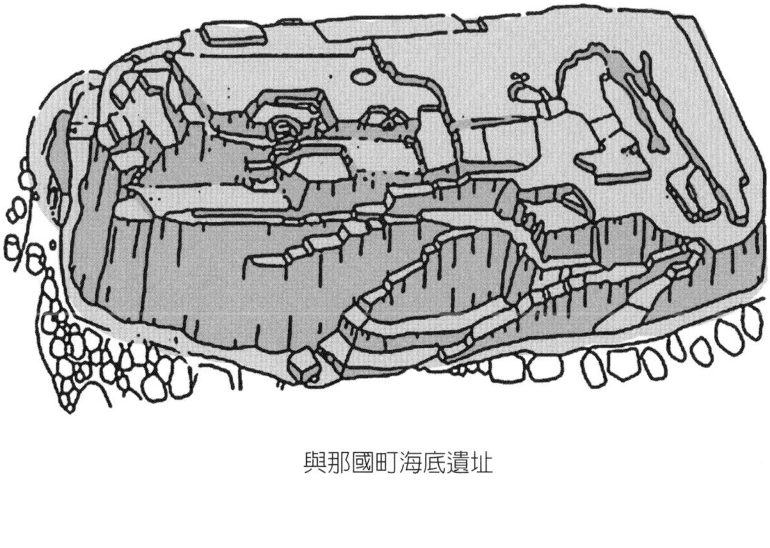

與那國町海底遺址

遺跡就會有很多遐想。素桑跟大家說：「明天最重要的是小心安全，因爲在海底裡會有很多變數，例如海流太急、你們力氣不夠、氧氣筒出現問題等等，所以大家最好聚在一起，準備下水的是我和琉芝，菲月不黯水性，艾璣對鯊魚有些無名的恐懼，她們的任務是穩定這一個地震帶的能量。在接收到訊息並決定會來的時候，我就一直在煉這兩塊汐卡給我的火山石。」

汐卡曾說這兩塊石代表大地之父和大地之母，可以幫助她們完成工作。不只是地震或海嘯，還要用這兩塊石修復所有眾生的神聖編碼。最初的靈魂是神聖的、永恆的元素，但經過累生累世的經歷，它們變得沉重，偏離了最原初的神聖，這對火山石可以幫助修復不足或缺陷。

「當我在解讀這兩塊石頭的時候，我見到這兩塊火山石可以跟地球很多地方的巨石陣連接，這些巨石陣的門戶有在陸上也有在海底，也有仍不知道它們的含義和關係的。究竟艾璣所遇到的蜥蜴人跟我們這次的工作有沒有關係我就不得而知了，但我想如果是我們需要知道的事情，就一定會在最適合的情況下粉墨登場。今天晚上大家好好休息，明天會需要很多體力的。」素桑繼續說。

素桑說完後大家又閒聊了一會，就各自休息。反而是素桑看著這晚的月亮，有點奇怪的感覺，她覺得有人在監視著她們，沒有覺得危險但卻知道有人在這裡監視她們。她對著四堵牆說：「你出來吧！我知道你在這裡。」四堵牆沒有動靜也沒有人回答。但在牆內隱身的身影在素桑不爲意的時候溜走了。素桑知道那生物離開了，也敵不過睡魔的召喚了。

第二天大家一早醒來準備，畢竟在陸上做能量工作大家還有些經驗，在水裡大家的經驗確實不多。對菲月和琉芝就更是新奇刺激，這是她們第一次實地執行任務，第一次就到海底。潛水教練不是昨天跟她們練習的那位，今天的教練是木村，素桑看這個教練覺得有點異樣，他跟大家重複講解清楚和遇到危險要如何自救，也檢查過所有儀器、潛水衣、氧氣筒、浮力控制背心、潛水錶、指南針、氣壓計等等，然後他們坐快艇出海。今天的天氣很好，陽光和煦，教練說今天海水溫度有攝氏二十六度，所以會很舒服。艾璣給素桑打了一個眼色說：「我覺得你們今天這個教練跟我在富士山遇到的蜥蜴人是同一伙的，但你不必擔心，我看他們是來幫助我們的。」素桑也把昨天晚上被監視的感覺說了出來。

「我想你是要下水的，艾璣，我知道你對鯊魚有莫名的恐懼，可能也是時候要面對一下，況且我們一定會在你身邊的。」正當素桑講完的時候，木村走過來跟艾璣說：「費克將軍叫我來帶你們過去的，你不必擔心。」

艾璣本來十萬個不願意，但聽了木村的說話後竟然乖乖的換衣服。趁這段時間的空檔，素桑問木村：「昨天晚上隱身在我們房間的是你嗎？」

「是的，費克將軍派我來保護你們。」木村坦白的說。

「保護！我們有危險嗎？」素桑壓下聲線叫了一聲。

「小姐，你們做的是在這個三維世界等了幾千年的事情，如果不是一直有各方善意的星人、你的原星族和接近源頭的天使族群、神祇等幫助你們，你覺得你們可以活到今天？你們現階段的身分還是地球人，要讓你們消失跟擰死一隻螞蟻沒什麼分別。」木村一字一句說得很清楚。

素桑心想可能一直都低估了這一切的嚴重性，也高估了自己，可能自己每走一步都有很多正邪的角力，每一天人們多謝的神或宇宙可能眞的是宇宙不同力量的延伸，才讓她能繼續執行任務。素桑立時合十向四方八面的說：「感謝你們給我們的保護，也感謝你幫我們完成工作，Namaste Namaste！」

艾璣穿好潛水衣戰戰兢兢的走過來。

素桑看著她說：「放心！我們是很安全的，這個我可以保證。」然後素桑看著四面八方笑一笑，反倒是琉芝一派怡然自得的樣子。

去到差不多遺跡附近，木村叮囑大家必須待在一起，不要走散，還特別看了看素桑和艾璣，教練一聲令下，素桑、琉芝和艾璣跟著教練相繼下水。素桑拉著艾璣的手見她在發抖，然後素桑拉著艾璣，一心跟著教練，不讓艾璣回頭和害怕。

昨天試水的時候已經看到這個水域的水很清澈，奇妙的海底世界，珊瑚、七彩斑斕的魚群……素桑帶著艾璣，她慢慢開始放鬆，看著魚群，一直跟著教練往水裡前進，慢慢的回歸到一個靜止的海底世界。

一切是那麼寧靜，水的顏色越來越深，陽光也越來越微弱，清澈的海藍色是可以讓人平靜下來的。素桑心裡一直在召喚海人，請他們賜予力量（因為這裡有黑潮）。前面不遠處終於見到她們一直在尋找的與那國町遺跡，那些一層層的梯形建築和樓梯，一個大平台。她們觸摸著這些堅硬的大石，內心異常興奮，它們有些是階梯，有些是巨大石塊，有些好像是一個祭壇，但當然這些都是她們的臆測。

素桑發覺自己被牽引著，開始循著一個方向前往。木村、琉芝和艾璣都跟在後頭，這個遺跡在照片上看似不大，但實景是非常大的，也可以想像到，如果這眞的是一個遺跡，連同另外兩部分，將是一個很雄偉的地方。她們通過主平台巨石柱、平衡巨石旁一直往龜石那方向游去，素桑站在龜石上，彷彿這是一個指示針，她感到身體內的指南針正在尋找方位，突然木村游到素桑和艾璣面前示意她們跟著他，在茫茫藍色的海底，四條很渺小的生命在匍匐前進，如果今天她們消失了，世界上應該不會掀起什麼迴響。

她們離開了主石陣，正往第三個石陣的方向前進，過了第三石陣繼續往前，素桑身體內好像有東西要破繭而出，感覺越來越強烈。琉芝和艾璣在後面跟著木村，她們游到一塊大石頭上面，有一塊圓石，內在感應是這裡，木村亦給素桑示意，素桑示意琉芝、艾璣和她三個人背對背站著，形成一個圓圈，互相扣著臂彎，大家連在一起，這也可以穩住大家。首先，素桑把能量形成了一個保護網，然後把煉了一個很久的大地之父和大地之母的能量在這裡整合，以「慈」的能量來觀想，素桑啓動星語 A Zi Ma Si，念了九次，然後將這兩個石頭的能量一直鑽入到地底，她們聽到轟隆一聲，地底傳來震動，感覺到整個大地海洋也在震動，素桑心想：「難道現在地震？如果嚴重也可能會引發海嘯的！」大家感到海流的力量很猛烈，而且在水裡是無處藏身的，旁邊有些石頭在搖晃，前面有一個藍色的光環，素桑一下子覺得她們三個都被一種藍光包圍著，原來啓動星語不只啓動了兩塊石頭，還把這個星門打開……木村示意大家跟著進去，素桑、艾璣和琉芝三個人手拉手的衝進去，回望身後的海底已經亂作一團，然後藍光在背後消失。

13

Mu與二十萬年的期限

……各位星族代表今天齊集在穆一蘭絮國是因為二十萬年的期限快到了，二十萬年前地球重啟（Reset），當時地極轉移，隕石墜落，引起地震海嘯，地球的生物幾近滅亡。我們、亞特蘭提斯和其他幾個比較先進的族類得以轉到另外一個維度，當年我們還有一些族裔逃到現今的亞馬遜流域、日本和一些偏遠島嶼，當時這些大陸都是相連的，只是在過去一萬年左右才開始出現海水不斷上升的情況。其實如果不是今天在這裡曾幫助過我們的各星族族群，我們可能也活不過來。

進入這片藍光，身體突然間變得透明，瞬間表面的身體像剝了殼般不復存在，但靈魂意識依然，在這一剎那接觸了無盡的空間與維度。突然間看到很多很多重不一樣的世界，充滿光，輕且亮，然後身體再度披上殼，而這個殼密度比較低，身體好像比在地球輕了很多。

素桑看到艾璣和琉芝都在，木村也在不遠處，她先把氧氣面罩脫掉，示意其他人這樣做。有一股黴黴濕濕的冷空氣驟然湧上來，整個人涼了一截，呼吸的時候還會看到熱氣噴出來，這裡的氣溫應該最多只有攝氏五度左右，大家都在哆嗦覺得有點冷。

「木村先生我們在哪裡？」素桑問。

「剛才你們把地球之父和地球之母的能量在與那國町的太陽神殿整合的時候，把通往穆一蘭絮國，就是地球人說的Mu的星門同時打開了。」木村說。

「這個潮濕陰森的地方就是Mu？不是傳說在很久以前穆就已經十分繁華，科技先進的嗎？」艾璣驚魂未定的說。

「這是穆與地球的連接，但入Mu必須要經過這個迷宮，這個就是你們的靈魂迷宮。」木村解釋說。

「靈魂迷宮？這倒像是人死後所經過的歷程，這是靈魂回到源頭的道路？」素桑說。

「也不完全是，人類死後靈和魂可以得到結合，但還是未能直接到達源頭的，那是需要一個修煉的過程。修煉靈和魂和肉體。能到達這裡的人只需要到達中心點就算走出迷宮。」木村說的時候讓她們看到了整個迷宮。原來「Mu」靈魂迷宮的入口是相連著，在地球不同巨石陣（Stone Hendge）、埃夫伯里（Avebury）、復活節島、哥貝克力石陣（Gobekli Tepe）、卡拉尼什巨石陣（Callanish），石門考古公園（Ħagar Qim）、巴勒貝克（Baalbek）的Trilithon、巴達谷的巨石、薩克塞華曼（Sacsayhuaman）或Mu星族遺留下來的星門，只要能激活這些門戶就能進入這個靈魂迷宮。素桑、艾璣和琉芝面面相覷，琉芝心想不知要怎樣才能走出這個迷宮。

這個迷宮就像一個八陣圖，每個地方都有重重阻礙，根本不知道要如何才能走到中心點。素桑覺得她們是不應該硬闖的，她跟艾璣說：「我們各自連接自己的星際族群和天使族，看看他們能否幫助我們脫困，我總覺得我們跟他們是很有關係的，所以應該不需要硬闖。」

「好，我試試。」艾璣回答說。

說完後她們兩個盤坐於地上，在心裡召喚救兵。她們兩個同時接到訊息，前面的迷宮現出一條光之通道直達中心點，看到後她們帶上琉芝像騰空飛翔般就到了中心點，木村看傻了眼說：「你們三個是第一批沒有通過硬闖弄到一身傷，鬥智鬥力過關的。」

「是嗎？那是因爲我們相信我們之所以在這裡是因爲我們需要在這裡，而走過迷宮應該不是理由之一；我們完全相信自己的原生星族和天使族群的指引；也相信自己。」素桑看著兩位姊妹說。

「我沒有那麼肯定，只是跟著她們。」琉芝坦白說。

「現在中心點將會打開，你們三個人將進入穆一蘭絮國（Mu），它存在於另一個時空和維度，你們在那裡可以同一時間看到過去、現在、未來，因爲這個時空的時間是同時發生的。你們去到會有人接待你們的。」木村說。

素桑、艾璣和琉芝三人沒有想到那麼容易就過了這一關。她們一起念著啓動咒語：「A Zi Ma Ci」。

面前的中心點其實像一個有幾十公尺高的黑石球體，當念完咒語的時候，黑石變成如水一樣的藍，然後中間有一條亮光的隧道，她們三姊妹拉著手一起踏進這個傳說中的Mu。

原來這是一條彩光透明管道，管道的意思是，我們在管內能看到外面的景色，但外面也有很多不同顏色的管道。人走在裡面身體就會被這些彩色的光包圍，這些光好像能修復身體和靈魂所經歷的創傷，把靈魂神聖的編碼重置，也就是說把身體的DNA和RNA修復，恢復最原初的神聖。

她們剛開始是一步一步的走，但後來經過彩光的修復，身體變輕，身上的皮膚變得像透明一樣，素桑覺得她自己的樣子也有改變，她看看在旁的艾璣和琉芝，發覺大家的樣貌好像不停的在改變，這可能是她們累生累世的樣貌，也有可能是當DNA和RNA修復時，回到生命最原初的面貌。素桑默默打量艾璣，現在的她是白金色長髮，皮膚白裡透光的中年男性（他應該是年紀比較大的，但看起來還只是像中年），穿著一件深紫色的類似絲綢的袍，身形高瘦，手腳細長，拿著一支銀色寫滿符號的手杖，手杖的一頭有一顆卵石大的紅色寶石，看來他是一個祭司。在旁的琉芝也是白金色短髮，看起來比較年輕，可能只有十幾歲，穿的是一身墨綠色的類似棉質的袍。不知道爲什麼她們兩個看起來像師徒。艾璣和琉芝也看到素桑的改變，眼前的是一個皮膚很白皙，近乎透明的人，身材很高瘦，完全看不出年紀，像二十歲也可以是二百歲，穿了一件白色的絲質長袍，中間有一條銀白色線捆成的腰繩，心口繡了一個符號，最特別的是有一對很大的銀白色的翼，驟眼看來這像是羽毛，但看眞一點它們像是金屬。大家看著自己的變化都有點不慣。

「我想我們可能變回在Mu國度時的身分。」艾璣審視了一輪說。

「那你一定是Mu的祭司，琉芝是你的助手。」素桑打趣說。

「那麼素桑看你一身打扮，你就是天使族群的長老。」琉芝說。

她們雖然樣貌改變，但心仍然是素桑、艾璣和琉芝。當她們快走到盡頭的時候，已看到有些跟她們同樣白金色頭髮身材高瘦的人在等待。素桑忽然間想起這些星族人，可能是地球人所說的雅利安族，聽說他們皮膚白皙金白色頭髮，身材高眺，在十九世紀普遍的人認爲他們是日耳曼語或北歐語系的人，然後去了北印度。這個傳說就是當年納粹用來清洗猶太人的藉口，認爲他們並不純正。後來更多文獻表示雅利安人生活在史前的伊朗，他們在公元前一千五百年左右遷移到印度北部，印度次大陸的前居民稱這些新人爲ārya。英語雅利安是來自梵語，這個詞在波斯語中有同源詞rān，這個詞就是現代伊朗的國名。根據歷史學家說，當雅利安人抵達前，印度河流域文明已高度發達，一些證據表明印度河流域文明的社會條件與蘇美相當，甚至優於當代巴比倫人和埃及人，還有希臘歷史學家希羅多德曾說：米德斯人（Medes）在古時的名字就是雅利安……

突然間素桑的思緒在馳騁，面對這些皮膚白皙金白色頭髮身形高瘦的人，很難不把他們對號入座，如果他們就是雅利安人，那麼他們的出現和影響就能說得通了。有人說吠陀經是由雅利安人傳入，瑣羅亞斯德教對吠陀宗教也有一定的相似和影響力。所以最有可能的猜測是這些白皮膚金色頭髮的星族人就是雅利安人的直系祖先，他們曾經在中亞地區包括現今的伊朗、哈薩克、吉爾吉斯、烏茲別克、塔吉克、土庫曼居住過，然後慢慢遷移到歐亞大陸。如果以這樣的說法推斷，這些文明的先祖就是Mu族……素桑不斷的在思索。

菲月坐在小船上等，看著她們三個下了水，她也慢慢的看著周遭的景色，這個地方溫暖濕潤，無雲晴朗的藍天，藍色的海水泛起片片磷光，她戴著帽子仍感到太陽有點灼熱。菲月的心其實一直跟著她們的，但她在這裡的作用是做岸上指揮，如果有需要可能要請不同的族群救兵。她們下水前已經跟水族溝通過，如果有需要水族是會幫忙的。突然間海上來了一些大浪，感覺到船身顛簸不堪，水裡傳來一聲巨響，本來平靜的海面突然掀起三公尺巨浪。

船長說：「看到雷達和超聲波報告說，水底有些輕微地震，應該很快沒事。你不用擔心，我們會盡量在這裡等她們的。」

菲月剛才被大浪一拋，幾乎被拋入海裡，還好船長有此一著，早就給菲月穿上救生衣，還給她綁了個救生圈，另外給她拿著綁好在桅杆的一條繩子，菲月不懂水性，被這些巨浪拋上拋下，胃內五味翻騰，她讓自己鎮定下來，剛才還是平靜的海面轉眼波濤洶湧，一切都只是一剎那，就只有一剎那什麼都改變了。菲月心中默念，連結了原生星族的長老來幫忙。菲月是昴宿星人，全身的氣牆泛起粉紅色和金色的光芒。

「可否幫我們穩定一下水底地震的情況？素桑她們正在水底進行能量修補，也在修正地球損壞或偏離了的能量編碼。但就在她們在水底遺跡的時候出現了這個地震，如果地震繼續，她們可能會有危險的。」菲月十分憂心的說。

「這個地震是因她們打開了進入穆—蘭絮國（Mu）的門戶，她們沒事的，只是在雷達上失蹤一段時間，你們在這裡靜候就可以了。」長老跟菲月說完就離開了。

海面慢慢平靜下來，偶爾還是會颳起浪，跟之前比較算不了什麼。菲月現在不擔心，代之而起的是好奇她們進入Mu的國度會遇上什麼！

在彩光透明管道的盡頭站著幾個皮膚白皙金白色頭髮、身材高眺的人，他們見到素桑一行三人便以額頭碰額頭，像好久不見的老朋友。其中一個年長者說：「歡迎你們回來穆一蘭絮國（Mu），大家已有好一段時間沒有見面了。」然後對著艾璣說：「你可曾記得你是誰？」

「我是穆一蘭絮國的祭司，我是被派往地球幫助他們度過地球再次重置的情況。」艾璣回答的時候氣場中散發出紫金色的光芒，同時從她堅毅的眼神和語氣，素桑可以想像當時背水一戰的決心。

「小徒弟，你呢？」老者看著琉芝說。

「我只記得跟著艾璣離開的一幕，但原因已想不起來。」琉芝恭敬的回答老者。

老者看看素桑但沒有問問題。

「好，我們現在一起去星際議會，你們沿途可看看這個城市比你們離開的時候又先進了許多。」老者十分高興的說。

大家一看這個地方便頭暈目眩，這裡是天連地、地連天的，頭頂可以有地有海，天空也可以在地底，他們就像一個複合螺旋形人走在上面，像環回的走，雖然一直走的是平地但看起來像走圈。

「你們戴上這副眼鏡可幫助你們看到像三維世界一樣，不會看到這個第七維度的交合空間。」老者給她們遞上了一塊晶片讓她們放在眼簾上，晶片會被眼睛吸收，讓視覺神經感覺所看的仍然是三維空間。

素桑看著這個地方，腦海裡只有些微印象，這個地方的建築十分精緻，感覺不完全是高科技，反而還保留著希臘羅馬式的風格，庭院是圓拱形的樓頂，宏偉的羅馬柱。她斜眼瞄了一下艾璣，覺得她是完全的回復了穆一蘭絮國祭司的身分，很多人向她行禮，跟著她也沾上了光彩。議會大樓是一座很大的圓拱形建築，以十幾公尺高的羅馬柱作支撐，走在長廊上看到遠處雪白的山峰，素桑看在心裡，覺得跟以前的地球很相像。微風夾著花香和煦的陽光，走過長廊，長廊的一邊滿佈壁畫，畫的好像是他們國家的歷史，乍眼看到有些很大的戰爭和隕石、天災地震的圖畫，素桑很想停下來細看，但大家匆匆的上了樓梯，於是便先跟大隊前往，希望以後還有時間細看。長廊連同樓梯使用同一種墨綠色帶花紋的石頭造成，樓梯的扶手像鍍上一層金箔，素桑只能在心裡猜想，究竟是這個星球跟地球很像還是這是曾經的地球？素桑很有衝動把鏡片摘下看看複合螺旋形狀下的這些風景……

二樓看來有好幾個房間，盡頭是落地大窗，可以盡覽外面的景色，接著她們進入了一個房間，這就像議會大堂，裡面已經坐了很多不同地方來的星人，因爲他們並非全是白皮膚金白色頭髮的穆一蘭絮國人，看來他們長相各異，膚色各異，有動物形、人形、非人形、透明、有腳、無腳、有尾、有翼，會飛天、能下水。他們正在討論得興高采烈，當艾璣、素桑和琉芝進去的時候，所有聲音嘎然而止。所有星人像被點了穴似的，千分之一秒的靜止然後還原，流露出親切熟識的眼神。

她們被安排坐第一排的位置，講台上坐了幾個年紀比較大或輩分較高的星人，左右各三男三女，中間的主席位置坐著一位銀白色頭髮、面容端莊、氣質高雅的女士。

剛才接引她們的長老走到台上，向主席和其他幾位行禮然後說：「各位星族代表今天齊集在穆一蘭絮國是因爲二十萬年的期限快到了，二十萬年前地球重啓，當時地極轉移，隕石墜落，引起地震海嘯，地球的生物幾近滅亡。我們、亞特蘭提斯和其他幾個比較先進的族類轉到另外一個維度，當年我們還有一些族裔逃到現今的亞馬遜流域、日本和一些偏遠島嶼，這些大陸都是相連的，只是在過去一萬年左右才開始出現海水不斷上升的情況。如果不是今天在這裡曾幫助過我們的各星族族群，我們可能也活不過來。大家可能已經知道這些歷史，但今天我們有幾個回歸的穆一蘭絮國星族人，她們對自己的歷史還沒有完全恢復記憶，所以我希望在這裡詳細解釋。

「穆一蘭絮國的原生星族在很久以前已經來到地球，當時他們是按星族聯盟的邀請，在地球設立一個基地，這個基地就稱爲 Mu，這個基地在現在太平洋由白令海一直往下伸展到澳洲中部，這也就是很多人認爲已經消失了的穆大陸。當時星族聯盟請了很多不同的星族人來這個基地幫忙建設，建立星門戶。其中一個稱爲 Pula Sibu 的星族在現今義大利的西西里島埃特納火山建造星門，也有別的星族在印尼、緬甸、柬埔寨等建構不同門戶和連接設備。而日本是當時一個從 Wakasabee 派來的星族大使和他的族群建構的，所以這個星門戶有它的創建密碼。他後來留在地球成了我們穆一蘭絮國的大祭司撒瑪爾瑪（長老說的時候看著艾璣）。在每個地方建構好星門以後，各方星族都會派一些人駐守，Pula Sibu 星族在羅馬帝國和希臘的名人裡面有不少是這個星族裔的人，當中以亞里斯多德和畢達哥拉斯爲佼佼者。至於日本是我們當時在地球最繁忙的星門戶，當時的富士山還沒有形成到今天的模樣，大約在七十萬年前，處於富士山同一地方的『小御岳（Komitake）火山』發生噴火，同一時期『愛鷹山（Ashitakayama）』的噴火活動也非常活躍，形成了兩個巨大活火山的並進爆發，在幾十萬甚至幾百萬年前整個現代富士山區域都是火山爆發頻生的。約在十萬年前，位於小御岳火山與愛鷹山之間的古富士火山也開始發生火山爆發。其爆發特徵是大量熔岩的流出，以至於沉降的火山灰等物質高度接近三千公尺，這些物質形成了巨大的山體，此後又進入了沉默階段。新富士火山的噴火活動大概始於一萬年前，新富士山的噴發即形成了現在地球的富士山。當時古富士山頂半空的門戶曾經接載很多在不同星球甚至維度的星族人來地球，他們爲地球建構了好些秘道、巨石陣、殿堂、金字塔、觀星儀、觀日儀，留下了好些方法讓日後的地球人能夠和地球以外的星族接觸，同時建成的每一個地方也有星族人留守以保護這些建築和星門。除了 Wakasabee 族、Pula Sibu 族、蜥蜴人，小灰人也是當時留下來鎮守的族類。特別由於蜥蜴人對氣候環境的適應能力異常高，當很多其他星族人慢慢消亡的時候，他們還是一直在這裡鎮守建立基地，並與過往的掌權者和現代的政府合作，爲的是要繼續保護這地方。

「當時的日本曾經是眾多星族人居住的地方，這個地方不只繁榮富庶而且科技很高，這是因爲多方星族人前來互相交流的結果。在二十萬年前的地球重置，Mu基地在眾多星族的科技幫助下移到了地球的另一個維度，但有很多當時被派往監察的星族人仍然死守，當然有些是犧牲了，也有些後來成爲某些國家的原住民，日本這地方的原住民就是這些星族直接或間接的後裔。所以到今天爲止富士山還是被守著被保護著，日本本身的高科技成就不只是完全靠本土科學家的研究，他們已經找到方法把當時Mu基地收藏的各種太空、醫藥、科技的祕密慢慢的尋找出來拆解。

「星族聯盟預知到重置後的地球先進程度遠不如重置前，所以他們刻意掩蓋了Mu基地的資料，只留下幾個線索給能夠解讀的人，因爲知道有關這個基地的祕密，對普通的地球人和基地都沒有好處，所以他們只能等到地球人的能量和認知能力能夠接受的時候才能把這些知識傳授。

「與那國町的遺址是基地的一部分，用意是穩定這一帶的能量牆，因爲這一帶是火山和地震帶，富士山是一個隱於地球的半空門戶，而與那國町金字塔就是留在水底的門戶，它們是相通的，不只它們，地球上所有的星門戶和巨石陣都是相通的，目的是通過這些門戶和通道來接觸，並加強某指定的能量點，使地球能攀上另一個能量層轉到另一個維度。」當長老慢慢把這些過去的歷史展現出來的時候，艾璣、素桑和琉芝感覺自己走進了一個3D的旅程，那些事情不只歷歷在目，她們是可以眞的重回到那一個時刻，她們看到自己在這幅畫面裡所擔任的角色，甚至是感覺想法、身體的反應都一一能感受到。也可以算是回到過去的一種，或是將過去和現在同時顯現。

「那我們今天被召喚回來的原因是因爲二十萬年的期限快到了，我們需要爲地球能量的提升作準備，連接所有星門戶、巨石陣、殿堂對嗎？」艾璣以大祭司撒瑪爾瑪的身分說。

「對的，還有就是Mu基地會再次回歸，那是說穆一蘭絮國會幫助地球過渡。」老者說。

「你們會再度以Mu星人的身分出現在地球人面前嗎?」琉芝問。

「暫時我們只會把所有以往的直屬星族或他們的後代召集，其他的地球人將會一步一步獲得更多資訊。陸續會有更多關於基地和我們族人所要做的事情的資料傳發到能接收的人身上。」老者回答說。

「那我們的工作是……」素桑問。

「要完成這個工作，地球有七十個星門戶要打開，它們都是連接不同的星族能量的，因爲單是Mu的能力是不夠的，要穩定像地球這樣的星球需要很多星族的協助，也需要跟地球的掌權者和背後的隱形力量斡旋，現在地球的能量四分五裂，不同國家有著不同的議程，他們基本上是要爭取世界的領導權，但他們不明白，地球的確需要領導，更需要的是合一，共同合作，現在你們迫在眉睫的是每二十萬年的地球重設，其他的都不是重點。地球用一百萬年時間讓自己步向衰亡，加速了這個二十萬年的期限。在地球人的訊息基因裡面，就已經有很多關於地球經歷的這些期限，所以地球人對磁場轉移、南北極移位、地震海嘯都非常害怕，但最刺痛他們的神經的是隕石撞落地球和被大水掩蓋，因爲這一幕幕曾經發生過很多次。每一次都對地球帶來傷害，輕則引發大火、地震、海嘯，重則地球幾近滅亡，好些族群因此而滅族或逃到別的維度。現在地球不一定需要隕石撞擊，地球人自行製造的核彈如果爆發，對地球的傷害絕對不會比隕石小，再加上核爆水，地球人存活的機會已接近零。」老者說的時候大家在腦海裡浮現二十萬年前的一役，那種天崩地陷和生離死別令每一個在場的靈魂潸然淚下。

素桑感到自己的心很痛，有一種被撕裂的痛楚，她看到的每一幕都是這幾十萬年來重複又重複所發生的，每一次無論做什麼都不能救助這些人類，靈魂好像在經歷一個相同的能量牆，就像一對伴侶、一個家庭、一個城市、一個國家、一個星球，他們都有一些共同的能量捆綁，也有人說這是共業，但她比較喜歡用能量牆這字眼，因爲除去一個負面的意味。作爲一個天使長（她剎那間悟出了自己的身分），這也是她生命仍然存在的目的。如果不是對這一切的愛和愧疚，爲何還在此，一次又一次的與他們的生命捆綁在一起。想過很多次想離開但走不動，心裡面還有太多太多的重荷。是時候該放下嗎？素桑想這是否是她執意要看破這個幻象的原因？又是幻象……當素桑正在經歷這一切的生滅的時候，一個非常熟悉略帶磁性的聲音說：「天使長姬理伯迪蘭，你還好嗎？」

14

在地球重建 Mu

鑑於現實地球上不同國家也有連結不同的外星種族（最奇怪的是連結這些外星種族的是隱形政府，或可說是外星族群選擇連結隱形政府，有很多高級官員政府首長也不知道原來自己的國家已經跟某些外星種族結盟），政府在利益衝突下，大家還是會因要成為這個一統的最高能力層而爭鬥。最後我們最不想看見的就是地球資源耗盡生靈塗炭。至於引入外星科技，地球在過去的幾十萬年一直是引用外星科技的，只是普遍的人類不知道而已。

那位是坐在台上主席位置的雍容女士，素桑對她感到非常親切，她一定就是這個星族聯盟的主席，但卻記不起她的名字。

「在現在這一刻我也不懂得回答這個問題。我反而希望你可以告訴更多關於我的事情。」素桑回答說。

主席沒有正面回答素桑的問題，反而請艾璣報告地球現在的狀況。艾璣搜索告知，其他在議會中的星族人聽後也在討論。一時間各人議論紛紛，大部分星族人對地球現在的情況和他們預測的情況在時間上是吻合的。

「你們不是有不同星球的人在地球做各種測量工作，採取樣本的嗎？從海水的核輻射情況、空氣的污染度、森林砍伐、泥土被重金屬影響、火山爆發次數、地殼震動、颱風、海嘯、草原沙漠化、南極融冰等等不是都有記錄的嗎？」素桑不明白的問。

「對的，這些資料我們有，但地球人對這一切的反應、應變措施、心理情況，我們就需要集合很多很多不同國家地區的資料才能組成一幅比較清楚的圖畫。地球現在面對的不只是環境變化、氣候變遷等，還有的是隱形政府爲了達成一統地球的目的，他們會使用病毒/細菌，這樣可以在極短的時間消滅地球部分人口，他們要的是一部分精良優質馴服的人口。」主席不徐不疾的說。

「我們其實想給你們一個比較完整的圖畫，你們現在做的工作大多跟自然環境和氣候的問題有關，但除了這些，還有人爲因素，儘管這部分是帶有危險性的，我們也只會選擇一些內部人選，畢竟在這個層面上我們已經損失了很多人，要保持他們的機密性是首要的，這才能保障他們的安全。大家可以從旁以能量形式協助但效果不大，因爲隱形政府本身就有很多是星族人或是由他們支持的人。」主席欲言又止。

「我很多年前也接了一個這樣的能量工作，我記得當時的指令是要把光傳送給各國政府和隱形政府，接到工作之初根本沒有時間準備便要立即開始的。那時還寫出了一份各國當權者的清單，但對於隱形政府所知是零，只是感覺到是一團黑暗的力量。我用了一個週末跟著指示去做，之後就再沒有接過，只是偶然聽人提到，現在當主席你講出來的時候，倒是把我那一段記憶找回來。其實這些所謂的隱形政府是什麼？若有正邪之分，如果我們是正，它們是否站在另一面呢？」素桑很有興趣的問。

「正邪也不能這樣分辨，只是他們抱有的宗旨不同。第一，他們認爲地球應該一體化，減少如此多元化的統治，這樣可以更有效率和減低地球日益惡化的情況。第二，盡量引入其他星族科技，這樣可以提高地球的科技發展，加速跟其他星族接軌。第三，沒有讓地球人覺醒現在所處的位置，也沒有讓他們使用自由意志，反而他們採取統一政府統治的方式，讓大部分人對地球和外星種族的關係還蒙在鼓裡。

「可是要達成一體化必定會牽涉戰爭，鑑於現實地球內不同國家也有連結不同的外星種族（最奇怪的是連結這些外星種族的是隱形政府，或可說是外星族群選擇連結隱形政府，有很多高級官員政府首長也不知道原來自己的國家已經跟某些外星種族結盟），政府在利益衝突下，大家還是會因要成爲這個一統的最高能力層而爭鬥。最後我們最不想看見的就是地球資源耗盡生靈塗炭，除非有一個熱愛和平和有能力抗衡現有黑暗力量的新世界秩序誕生。至於引入外星科技，地球在過去的幾十萬年一直引用程度不同的外星科技，只是普遍的人類不知道而已。」主席還沒說完素桑就衝口而出說：「這我倒是略有耳聞，有很多書也曾經說過，在二戰期間德國是最早尋找到這些外星科技並從中學習，話說他們找到一艘失事墜落的太空船並將之研究，所以在當時德國的科技比其他國家要先進一百年，後來美國也找到一艘太空船的殘骸進行研究，從而突破了很多當時的飛行限制，然後也有五十一區的各種傳言……這些是很多幽浮研究者很喜歡的問題。地球上流行各種學說，普通人也不能分辨眞僞，唯一可以做的是要有一個開明的調查角度，而且要鍥而不捨。有一些答案可能不會立即出現，但它終究會展露於人前的。」

主席見她侃侃而談倒也沒有打斷她的意圖，聽完素桑的意見，主席補充說：「現在我們最重要的是找出對地球人和對地球最好的方法，至於隱形政府也不是你們能幫上忙的，因爲我不能完全保證你們的生命安全。」

「那你爲什麼要告訴我們呢？對於某些政府我們知道得越少越安全，不是嗎？」素桑問。

「對，但這也是爲何地球人突破不了任人擺佈的命運，因爲恐懼痛苦和死亡才會讓人變得害怕，也只有當你能眞正明白你是什麼才可以放下恐懼。我們沒有要求你們這樣做，因爲即使比你們先進的星族人也做不到完全跟源頭合一。你們想一想如果他們眞的明白，也不會採取這些手段跟地球隱形政府達成協議。現在我只希望你們知道，你們現在已經不只是坐在家裡做些遙距能量工作的光工作者，你們已經正正式式的成爲星族聯盟的一分子，重拾你們以前的工作和能力。」主席正式向她們說。

其他星族人聽了也好像很高興似的。素桑看看艾璣，感覺她應該完全接軌，琉芝應該是接受但未完全消化，至於素桑，她對自己的能力和所要做的計劃沒有疑問，但問題在於自己的身分，對於天使長的這個身分也有點太誇張了吧，反而在反問自己有那麼厲害嗎？同時她感到好像同一時間自己有很多身分，還在躊躇該如何反應。

主席好像讀懂了她的想法並回答素桑說：「是的，當你到達越高階的狀態，你們的身分會越多，因爲本源只有一個，當你越接近源頭你的身分會越重疊，你的身分是其他人給你的名稱，有名稱後也會接受不同的工作，就等如你本來是一個秘書，後來晉升成爲了經理，然後成了部門主管，然後成了總經理，CEO……然後也有其他不同範疇的工作來找你協助，成爲他們的顧問。在這一系列的晉升中你是否同一個人，有沒有改變過？所以當到最後合一的時候就不會有分別。」

素桑聽完了覺得有道理所以點頭稱是。

「但你的身分代表你某一些特別的工作能力和你原生族群的關係，所以每一個都是不一樣的。這些身分名稱大部分是地球的名稱，所以是什麼也不必介懷。」主席繼續解釋。

「但我以前得到過一些其他星族給我的資料，他們說地球是受星際聯邦監管，是自由區，其他星族不得侵佔或阻礙地球發展，不是嗎？」素桑記得在地底時依黎列達曾經跟她

說過。（《我們都是星族人0》第五章七十六頁）

「對呀！可是現在他們沒有侵佔，是地球人找他們幫忙，而且那些地球人也是他們星族的直接或間接的後裔，所以中間存有很多灰色地帶，宇宙裡有很多組織，銀河聯盟、星族聯盟只是眾多組織的其中一兩個，大家都是平等的，互相有共識的，希望在地球居住的各星族地球人可以突破這個瓶頸狀態，反正現在情況並不樂觀。」主席有點擔心的說。

在主席說話的時候，素桑慢慢的在觀察這裡的星族人，他們的樣子、散發出來的頻率都是很友善的，雖外表千奇百怪異於地球人，但其實怎樣才能分辨他們的正邪，他們的話孰眞孰假呢？這個似乎比檢測一個靈性老師更難。

「現在你們有一個任務，負責這個任務的是大祭司撒瑪爾瑪。這個任務是幫助Mu基地再次在地球以三維形式落實。」主席跟艾璣她們三個說。

「你說在地球建立一個實在的Mu基地？如何能做到？」艾璣不能置信的說。

「我不是叫你們建構一個完整的基地，只是說這個基地的能量要落實在三維地球，因爲Mu將會重現。既然你們今天能來到打開了封印，那麼所有關於Mu族的知識和有關這個基地的資料也會再次出現在人類的視線。同時地球所經歷的，Mu也曾經歷過，在被埋藏的資料庫內，地球人可以找到這些資料。」主席解釋說。

「資料庫在哪裡？」艾璣問。

「在太平洋以前Mu基地的海底，這個你不用擔心，待能量和建構在地球落實後，這些資料就會自行浮現。」主席接著說。

「你不能直接把資料給我們公諸於世嗎？為何要多此一舉？」艾璣不明白的問。

「如果把資料直接交給你們，不單止會為你們帶來麻煩，同時也會沒有公信力，因為你們絕對不能把這些資料發佈，那麼這些資料是從哪裡來的呢？所以只有當考古學家尋找到這些遺跡，這些資料才能公諸於世，地球人才會逐漸接受。」主席進一步解釋說。

「這個過程可能要很久呢！」艾璣說。

「是的，唯一可以推進這件事情的，就是你們把這個基地的能量在地球的三維世界好好建構出來。你既然是當時的基地建構師，整個基地的藍圖和技術對你來說並不困難，你們也可以運用多瑪學院的力量來幫助完成這個項目。多瑪將會把很多星族地球人聚集，裡面不乏有能之士，他們也一定可以幫助完成的。」主席回答艾璣說。

「好，我們明白了，一定會努力把事情做好的。」大家一起回答。

主席對長老說：「你把她們先送回去，我還要跟大家討論餘下的事情。」

最後主席對素桑說：「我的名字是沙格爾拉，下次我們再見的時候希望你能記起我是誰。卡撒，卡撒代表再見的意思。」

沙格爾拉，沙格爾拉……素桑的心裡一直在念這個名字，好熟悉可是就是想不起來，好像有人把這部分的記憶抹掉一樣。她們原路回去經過了剛才的長廊，只是還不能停下來細看那些畫作，又不能好好欣賞這個複合螺旋形的地貌。

最後長老在那條亮光管道前對她們說：「希望你們能早日成功。卡撒卡撒。」

大家也跟長老說：「卡撒卡撒。」

她們走過管道，大家都十分沉默，最後是琉芝最先發言：「我真的從來沒有想過自己竟然跟Mu有關係，而且還是艾璣的徒兒，這一切發生得太快，剛才的所有事情十分虛幻，你們能告訴我是真的嗎？」素桑和艾璣都沒有回答她，當她們見到木村的時候，木村說：

「已經在這裡等了你們五個小時，水面已經快天黑，你們要盡快回去。」

她們把潛水裝備戴上，跟著木村游上水面。大家回頭再看一下，這個遺址還是一動不動的屹立在這裡。在水底下沒有一點聲音，世界如此寧靜，還看到一群雙髻鯊在水裡悠然暢泳，本來十分害怕鯊魚的艾璣竟然一點也不害怕，還在鯊魚旁游泳，看來大祭司眞的回來了。

當她們返回船上的時候月亮已經出來，周圍漆黑一片，在銀月的映照下，小船彷彿在水中央的小島，給她們最後的希望。菲月在船上等了一天，看到大家時高興得手舞足蹈，她幫大家擦乾身子，倒暖水喝。其實在Mu的時候，大家都不覺得冷，只是回到船上涼風颯颯，才感到寒意。木村叫船長把各人送回岸上，囑咐大家整理好就可以到小客棧的餐廳，他會爲大家準備一些熱食。她們淅瀝嘩啦的整理好自己，然後到餐廳坐下來的一刻，才發現大家除了早飯，一整天沒有吃過東西。水也是在小船才喝的，但大家經歷了那麼多卻一點餓意也沒有。素桑很少吃東西，有時喝果汁已經是大餐，所以她不吃大家也不驚奇，但艾璣和琉芝卻是能吃之人，特別是琉芝，以前的花名更是「掃桌王」，今天卻一反常態看著食物但沒有吃的慾望，今天實在經歷得太多了，所有人除了菲月能吃，大家都不大能吃。

「你們是否太累所以吃不下？」菲月問大家。

「不是，其實我們一點也不累，而且精神狀態還很好，比我今天早上醒來的時候還要好。不單止不餓，而是感覺不需要食物。」琉芝回答說。

素桑和艾璣也有同感。

艾璣說：「可能剛才所接觸的能量很高，我們的身體已經吸收所需，所以沒有餓的感覺。」

同時，艾璣也慢慢從大祭司的身分回歸，只是剛才在Mu的一幕對她的影響很大，她之前對自己的身分也有些端倪，加上在富士山所發生的，現在看起來就像是一層一層的佈局，讓她最後發現這個身分。但究竟要如何開展這個計劃，她一點頭緒也沒有。她覺得身上有很多重的能量在衝擊，艾璣的身分越來越薄弱，或許有一天艾璣可能會消失。大家對這突如其來的變化還不知道如何應對。

菲月聽得一頭霧水，琉芝把所發生的說了一遍。菲月稱本以爲來與那國町做能量治療，幫助穩定地震已經夠神奇，現在還加上了Mu基地的計劃，實在是令人雀躍萬分。

「大家就不要想啦！好好休息，明天大家可以坐水底觀光船去遊覽，菲月還沒有看到那個遺跡呢！我們好像還要修正地球的DNA，不知道這一部分可有完成？」素桑回來後第一次說話。

大家本來以爲所有人吃完晚餐會去休息，可是她們都沒有倦意，全部坐在屋前的小院子，看著皎潔的月亮，大家的思維很沉靜，腦子內沒有喧嘩，只是呼吸著這涼濕的空氣。

「我們下一步應該怎樣做？」菲月終於打開話匣子。

「不知道，下一步還沒顯現。」艾璣回答說。

「不用想太多，先把我們自己準備好，下一步自然會出現，艾璣你覺得這個基地的能量應該選擇放在哪裡？」素桑問。

「我感覺是一個熱帶溫潤潮濕的地方，地方的能量像是夏威夷。」艾璣回答說。

「我也有同感，那裡還有活火山、原住民、眾多島嶼和神話。這裡也是經常有人報導發現ＵＦＯ的地方。反正能量上是吻合的。這個地方召喚了我很久，只是一直沒有機會去。」素桑若有所思的說。

「所以我們下一站是夏威夷，我也從來沒有去過。」琉芝拍手道。

原來四個人都未去過夏威夷，這可是一個新奇的旅程。大家說好明天坐完水底觀光船，先各自回家整理一下手上的工作，看什麼時候可以啓程。

一宿無話，第二天菲月、琉芝和艾璣去坐了水底觀光船，素桑突然決定留在岸上。她請木村帶她到島上其他地方看看，雖然並沒有發現什麼有趣的地方。

「你一直在這裡居住嗎？」素桑問。

「是的，我是要在這裡保護這個Mu的入口，以前都沒有人來，現在這裡成了旅遊熱點，所以要更小心，雖然普通人沒有指引是不可能找到的，誤打誤撞開了也過不了迷宮。」木村說。

「昨天去完了後我覺得還有好幾個地方的海底我要去，希望跟你印證一下。其中一個是印度西北部古吉拉特邦的德瓦卡（Dwarka）外面的海域的海底遺城，可惜這個地方政府規定除了特別有批文的機構，如國家海洋技術研究和國家海洋研究所等，普通人只可以到達 Bet Dwarka 作水肺潛水。

「埃及的赫拉克利翁（Thonis-Heracleion），這個沉沒的城市位於亞歷山卓西北部埃及小鎮阿布吉爾的海岸邊，淹沒在一百五十英尺深的水下。我沒有把亞歷山卓的托勒密宮殿（Ptolemaic palace）的水底廢墟和克麗奧佩脫拉（Cleopatra）宮殿加進來，因爲感覺它們並沒有很特殊的能量感覺。

「另一個是在安地斯山脈秘魯和玻利維亞邊境的的喀喀湖，它是南美洲最大和最高的湖泊，也是世界上最高的休閒範圍潛水地點，海拔三千八百一十公尺。

「還有以色列的亞特利特亞姆（Atlit-Yam），這是一個被認爲可以追溯到公元前六千九百年的文明的沉沒遺跡，也就是說它被淹沒了大約八千年，他們找到的是牲畜、魚鈎、骨頭和人類的殘骸，但在這裡發現了一個由七塊垂直巨石組成的陣，這些巨石以半圓形排列，朝向西北方向開口，還有水平的石板，以及描繪原始擬人形象的橢圓形巨石，這個就像英國的巨石陣，和其他巨石遺址一樣被認爲具有重要的宗教意義。我感到這些地方的能量是相應的。」素桑說。

「對，這幾個地方的海底確實曾經是星門戶，但現在已經荒廢了。其實這些地方在數百萬年前至數十萬年前都不是海底，或應該說現在是高山的曾經是海底，現在是海底也曾經是陸地。設置整個星門戶的版圖跟現在不一樣，所以有些門戶在最近幾千年都是關閉狀態。一則沒有人去做，二則沒有一個統籌把這些地方監管。這些地方一旦開啓就需要有星族人或其後裔去看守，這些地方原本看守的星族人後裔應該還是在鎮守的，只是他們不一定知道原因，也不知道自己的責任和身分。」木村解釋說。

「我看我可能要去把它們重置修復，昨天主席說在地球有七十個星門戶，如果這些能量能連接，對艾璣落實Mu基地是很有幫助的。只是我暫時還不知道所有的地方，所以才想找你核對一下。」素桑坦白的說。

「有部分我是可以幫你的，但有一些你要靠自己尋找，其實這七十個中有一些已經被開啓，有些一直是保持活躍，你需要重開的應該只有約十八個地方，但這裡確實有些地方是比較不容易的，例如南極、西伯利亞、長白山、撒哈拉沙漠、伊朗、伊拉克、克什米爾、麥加、蒙古、新疆、衣索比亞、冰島、挪威、葉門……有些地方難去因爲去了也不一定能深入前行，有些在現今世界有政治原因、宗教背景、戰亂，你們幾個女的是有些難度。有些只會顯現給適合的人知道，你們一步一步的去做，自然會顯現出來。」木村解說。

「是的，我看這是最好的方法，因爲我們不能控制的情況太多，每一步都是一環扣一環的，我們能做的就是做好面前的一步，摸石過河，這個看似毫無把握的方法倒是我覺得最適合最好的方法。」素桑看似無奈卻覺得這是最積極的答案。

素桑在海灘旁散步，細滑的沙在腳底流過，微微的海風、廣闊的大海，前兩天來的時候都太忙，沒有好好欣賞過與那國町的風景，今天終於有一些獨處的時間，靜享濤聲。聽濤是素桑覺得最能穩住跳躍的心的方法，每一個呼吸連著海水，潮漲潮退，月圓月缺，心慢慢就會調伏，思維就會隨著海浪消失得不見蹤影，然後只剩下濤聲……

過了不知多久她們從海底觀光船回來，發現素桑坐在海邊就一窩蜂的跑過來，她們七嘴八舌的高興死了。第一個說話的是菲月：「這個水底遺址眞的很震撼，感覺和陸地的能量是完全不同的，雖然我昨天沒有跟你們進去，但我今天從艾璣的描述中還是可以感受到那種震撼。」

「琉芝，你覺得如何？」素桑問。

「昨天剛下水又要顧及潛水看遺跡，後來又發生那麼多事情，根本沒有好好看過這個地方，今天在觀光船上才能好好欣賞和拍照。雖然沒有昨天的刺激，但今天就很適合一個遊客如我。」琉芝興高采烈的說。

「你呢？艾璣？」素桑繼續問。

「我其實有點不捨，希望可以回去昨天Mu的城市尋找多一點有關我自己的事情。今天從遠處看這個地方還是有一種能牽動我能量的感覺，希望有一天能再回去。」艾璣回答說。

「對，這個我自己的感覺也是很強烈的，尤其是我昨天對關於我在Mu曾經發生的事情的記憶並不清晰，但何時是下一次我們都說不準。還有一點，剛才我跟木村討論過，我覺得你們去夏威夷看看如何，可以把Mu基地的能量再次落實在地球，而我就會去印度西北部的德瓦卡城，雖然這個地方必須要有政府的批准文件才能潛水，但我對這個地方的感覺很強烈，我必須要去一趟，另外一個地方就是以色列的亞特利特亞姆。這個地方待那天返回以色列的時候會順道前往。」素桑說時感覺自己本來並不是一個那麼熱衷潛水的人，但回復了海人的身分後，現在因爲這些海底遺址，一次又一次的在海底找到不同的意義。

大家商量好後，過了兩天就離開了與那國町，然後分道揚鑣，各自回去打點一切重新裝備自己，向著新的目標前進。

15

達瓦雅哥城 Dvārakā 的重現

……巴基拉（Bhagirath）為了要讓他六萬個祖先被詛咒的靈魂得以潔淨，他向梵天請求，並修苦行，希望能降下恆河水拯救他祖先的靈魂並恩澤大地。經過了上千年的苦修，梵天終於應允，祂讓恆河從天而降，由於力量太大可能會毀滅整個地球，所以請求濕婆神的幫助，濕婆神用頭頂承接恆河再讓河水通過祂的髻髮落在土地，再流往冥界，而恆河因為濕婆神的恩典而能夠保護和潤澤地球上的生物，並淨化他們的靈魂。由於它是從天上而來再通往冥界的，所以恆河也被稱為能從這兩個世界通往天堂之門。

印度孟買賈特拉帕蒂希瓦吉國際機場比素桑在二十幾年前第一次來孟買的時候先進很多，其實第一次到印度的時候已是一個長途旅程的尾聲，盤纏用盡，只好從尼泊爾坐車到新德里，那也是有幸見識到印度火車人疊人，和公共汽逢車過車響號不停的印度。當然後來她來回印度不知凡幾，但每一次踏足印度國土的時候都有一種「我回來了」的感覺。

從下飛機走進孟買機場就像一個時光隧道一樣，新簇簇的孟買機場帶點科幻的設計，流線型的天花板連落地窗戶，不同區域有不同的天花板圖案設計，採用大量的白色，讓這個地方變得很明亮，有報導說印度新德里的英迪拉．甘地國際機場和這個孟買賈特拉帕蒂希瓦吉國際機場在國際機場理事會（ACI）排名第一，已超越了新加坡樟宜機場，是全世界排名最高。該協會由一百七十六個國家的一千九百五十三個機場的貿易協會組成，甚具權威和公信力。

素桑知道一踏出這個門口就會回到現實，襲人的潮濕熱氣，一股瀰漫在空氣中的印度味道，還夾著人的汗味、空氣污染、燃點過的香、街上的車，還有太陽、樹幹的味道……這個味道形容不了，只要素桑聞到就知道自己回到印度了。機場旁的達拉維是孟買最大的貧民窟，也是亞洲第二大貧民窟（僅次於巴基斯坦的奧蘭吉鎮）。據估計，面積僅五百三十五英畝的達拉維有一百萬人居住，人口密度爲每平方英里八十六萬九千五百六十五人。香港人口密度爲每平方英里一萬六千三百一十六人，紐約人口密度估計爲每平方英里兩萬八千四百九十一人，而東京爲每平方英里一萬五千九百四十九人。如果大家坐飛機到孟買，在將要降落的時候，很容易會看到飛機場旁黑漆漆一大片破破爛爛殘舊不堪的貧民區，有時候感覺飛機下降的時候會撞進房子裡。二十幾年前有人提出將這批房子搬到市區外圍，但總是只聞樓梯響，每次不是資金問題就是居民不願意遷往城外，總之困難重重。二〇一八年政府得到不同的資助，通過在原地撥地重建，希望這一次眞的能有所行動。

還記得第一次來到孟買是爲了要去實諦・賽・巴巴（Sathya Sai BaBa）在 Puttaparthi 的靜修中心，那時素桑是一位記者也是一個尋道人，她從不會拒絕一個有可能讓她窺探實相的機會，所以當有雜誌請她寫關於印度靈性導師的文章時，她當然拍手稱好。那次她訪問了好些老師，當然也在印度遊走了一圈，終於跟印度結下了不解之緣。

素桑要在孟買轉機到賈姆訥格爾（Jamnagar），再從賈姆訥格爾坐車到德瓦卡，車程大概兩個小時。本來素桑也想到普拉耶格拉（Prayagraj）/安拉阿巴德（Allahabad）繞個圈，因爲這裡正在舉行大壺節（Kumbh Mela），這每十二年才在相同地方舉行一次。大壺節的意義是讓朝聖者在恆河、亞穆納河（Yamuna）等聖河舉行浸禮，目的是消除身上的罪業，潔淨靈魂。傳說這就是神魔大戰時，神把手上鍋裡的永生之蜜掉落在四個地方，所以只要在這四個地方舉行浸禮，身上的罪業就能被吸收，虔信者會得到正悟。純淨的身體和純淨的心靈加純淨的祈禱＝純淨的靈魂。而這在印度教徒心中是一個非常重要的節日。可是她這次的目的不是旅遊，她就收拾一下遊客的心情，把重要的事情先做。

她還記得很多年前在恆河旁的哈里瓦（Haridwar）參加大壺節時的情景。這個節日分別輪流在印度的四個河邊的城市舉行，四個城市包括恆河（Ganges）的哈里瓦、恆河、亞穆納河和已消失的薩拉斯瓦蒂（Sarasvati）的交匯點普拉耶格拉，還有納希克（Nashik）的哥達瓦里河（Godavari）和在鄔闍衍那（Ujjain）的 Shipra 河。今年是在三條神聖河流的交匯點普拉耶格拉舉行。據說今年有上百萬人參加這個盛典，其實那種盛況眞的要親身感受才會明白，如潮湧的行者（Sadhu）穿著一塊腰布聚集在不同的帳篷。他們滿身滿臉的塗著白灰，頭髮也用白灰蓄成小辮散盤在頭上，或任由加了白灰的頭髮披散墜落，這些白灰是在火葬場裡，當一切燒成白灰之後的粉末。在有關濕婆神的記載中，祂是不穿衣服，只在腰間披一塊老虎皮，然後全身塗滿白灰，聽說這些白灰會讓人夏天不覺得熱，冬天不覺得冷，還有消炎作用，所以跟隨濕婆神的行者都會以此作打扮。也有些穿著傳統橙色衣服，前額畫上三橫間，中間一抹紅，當然還有很多信徒他們多穿白色（因爲這是一個放下捨棄的顏色，印度傳統的女性如果丈夫死後是要穿白色衣服的，代表放棄生命中的色彩），還有全世界來的遊客一睹這場盛事。

至於什麼是行者，說實在就是修行人，他們放棄了生活中的一切，包括家庭、工作、所有生命中曾經認爲重要的東西，爲的是一種刻苦的修行，最後達到梵我合一。那次在哈里瓦恆河旁的經歷，素桑是永遠不會忘掉的。在哈里瓦有一個旅館叫 Tourist Bungalow，這個旅館並不豪華，以前甚至有點殘舊，後來聽說裝修了，不知現在如何？可是這個旅館就在恆河旁，房門口的長廊正對恆河，平常拿張椅子坐在長廊喝口印度奶茶，可以看著淙淙河水一直流過，河畔旁有幾級石梯，誰要更接近河水也可以坐在河旁。哈里瓦的特點是恆河貫穿整個城市，一切都是依著恆河而建，住在這個旅館整天整夜可以聽到河水流過的聲音，剛開始的時候，河水流動的聲音慢慢的，你聽到的就像一種音頻，無論你做什麼都可以聽到這個潛藏的音頻，吃飯、換衣服、打坐，甚至變成了血液流動的聲音，一直在身體流動著。特別在打坐的時候，這個音頻就會把所有念頭沖洗乾淨，然後你再也聽不到流水聲，取而代之的是鋪天蓋地的梵音，每一個呼吸成了梵音，讓人返回生命最初的狀態，輕浮在宇宙中。

有一次素桑把整個人浸在恆河裡，一剎那間自己消失了，看不到也感覺不到自己，「我」消失了。但只是一剎那「我」又回來了，雖然身體的感覺回來，但思維仍然留在那個沒有「我」的狀態良久。後來她坐在河邊什麼也沒做，有個著一身橙袍的行者，帶了一顆金剛菩提子（**Rudraksha**）剛好走過，看到素桑用手輕輕的拍一拍她的頭，然後坐在她身旁，用不太流利的英語說：「你知道恆河女神嗎？」素桑點頭。

「你知道祂是怎麼來到世上的嗎？」行者問。

「傳說的故事很多，但大部分版本是說，巴基拉爲了要讓他六萬個祖先被詛咒的靈魂得以潔淨，他向梵天請求，並修苦行，希望能降下恆河水拯救祖先的靈魂並恩澤大地。經過了上千年的苦修，梵天終於應允，讓恆河從天而降，由於力量太大可能會毀滅整個地球，所以請求濕婆神的幫助，濕婆神用頭頂承接恆河再讓河水通過祂的髫髮緩緩落在土地，再流往冥界，而恆河因爲濕婆神的恩典而能保護和潤澤地球上的生物，並淨化他們的靈魂。從天上而來再通往冥界的恆河，也被稱為這兩個世界通往天堂之門。」行者繼續說並慢慢唱起歌來。他的聲音十分溫婉，到高音處則能雄渾高亢，結尾時徐徐落下，餘音嫋嫋。他邊行邊唱，他的歌聲伴著流水聲飄遠。

素桑一路走一路想，在印度的每個地方都帶給她不同的回憶，記得有人說過：「印度的土地裡面有讓人得到正悟的能力，因為在這片土地裡，從存在之初到現在，都不間斷的有修行人在這裡追求至高無上的梵我合一。」曾經有朋友跟素桑說，只要踏進印度的土地，整個人就像進入另一個能量層，生命的一切都會朝著正悟的方向前進，這個地方曾經幫過那麼多星族和星族地球人完成使命。

在賈姆訥格爾下了飛機再轉乘計程車，如果貿然在機場門口找，就免不了要討價還價，另一個方法是在沒出鬧以前預約付款的計程車，但素桑請酒店安排了一輛車來接她，這樣是最安全和省力氣的方法，因為在印度，必須要懂得保持精力，免卻不必要的糾纏。素桑從來沒有來過賈姆訥格爾，也沒有去過德瓦卡。她自己是濕婆神的忠實粉絲，一向跟濕婆神比較接近。

德瓦卡絕對是克里希納的大本營。在印度的大街小巷，克里希納通常是以一個深藍色皮膚、黃衣服的年輕牧牛童、吹著一支長笛的形象出現，祂最喜愛的妻子是拉達（**Radha**）。然而克里希納遠不止於此，祂是毘濕奴最強大的化身，是印度教三位最重要的神祇之一，可能也是最親近信徒的神祇。克里希納是人們的領袖、英雄、保護者、哲學家、老師和朋友。祂以無數的方式影響了印度的思想、生活、文化、藝術、舞蹈和音樂。克里希納是愛的化身，在印度的另一個地方溫達文（**Vrindavan**）可以隨處看到擁護者爲讚美克里希納而忘我地唱歌跳舞，特別在克里希納的生辰，全城甚至在每一個印度家庭也會爲此而慶祝。究竟克里希納有什麼魔力可以讓人如此痴迷?第一，祂並非只是一個可愛的小男孩，在《薄伽梵歌》（*Bhagavad Gita*）裡克里希納說：「每當法衰落，生命的目的被遺忘，我會在地球上出現。我出生在任何時代，爲的是保護善，摧毀邪惡，重建法。」

在《摩訶婆羅多》裡的克里希納是一個老師，當阿周那（**Arjuna**）說他不能跟他的表兄弟、朋友、老師打仗，克里希納教導阿周那如何服從自己的使命。克里希納說：「完成你的使命，如你天性所決定那樣。所有的工作都是束縛，像所有的火都會冒煙。

只有無私的責任才能拯救。把你的思維專注在我身上，把所有的行爲都交給我。所有的問題都會通過我的恩典來解決，驕傲只會導致你的道德崩壞。如果，你說：『我不會戰鬥』，這只是你的自大，那麼這一切都是徒勞的，你是愚蠢的，跟你的意志抗爭，你的本性會讓你戰鬥，你的業力會讓你戰鬥，你將不顧一切而戰鬥。」——《摩訶婆羅多》（*Mahabharata*），第六冊：Bhishma（P. Lal）

《摩訶婆羅多》這個故事基本上是關於 Pandava、Pandu 國王的兒子和 Kauravas 之間的戰爭，Kauravas 是 Pandu 失明兄長 Dhritarashtra 的兒子。也是正義與邪惡，不公義之鬥。當然最後雙方都死傷無數，但克里希納說：「雖然你正在講述經文中的學問，但你仍在爲不值得悲傷的事情哀悼。一位智者既不會爲生者也不會爲死者哀嘆。你、我和所有這些剎帝利（kshatriyas）一直存在著並將永遠存在。我們是永恆的靈魂，只是從一個身體轉到另一個身體。」——《摩訶婆羅多》（*Mahabharata*），第六冊：Bhishma（Krishna Dharma）

其實素桑對克里希納的認識並不算很深，知道的都是從看書或從周遭的人口中所敘述的，還有大部分是靠觀察得來的。德瓦卡的意思是到達天堂的門戶，它是印度教四個神聖朝聖地點之一。大家認爲這個城市就是在印度神話中所說的達瓦雅哥城（Dvārakā），這個在《摩訶婆羅多》裡面提及過的城市。在印度教的傳說中，克里希納曾經在達瓦雅哥城居住過，關於這個城市的記載，這座城市分爲六個區域，包括住宅和商業區，寬闊的道路、廣場，有九十萬所由金、銀和祖母綠寶石建成的宮殿，以及眾多的公共設施，包括美麗的花園和湖泊。有一個名爲 Sudharma Sabha（融匯眞正宗教）的大廳是舉行公眾會議的地方。由於城市被水包圍，它通過橋樑和港口與大陸相連。後來克里希納在樹林冥想時被箭射死，當祂死去後整個達瓦雅哥城被洪水掩蓋沉下海中。從此這個地方就成了傳說。

古吉拉特邦（Gujarat）政府在一九六三年開始在德瓦卡進行考古，經過二十年的時間，在一九八三至一九九〇年找到這個水底城市遺跡。在這個海域的水底考古只可以從每年的十一月到二月進行，因爲需要在潮退，有充足陽光和平靜的海面進行，每一年大概只有四十到四十五天可以進行探索，所以搜索是非常困難的。在二〇一七年一月，印度考古調查（ASI）的水下考古翼（UAW）再次開始在德瓦卡進行挖掘。他們希望能找到更多的答案。

從賈姆訥格爾到德瓦卡約兩個半小時的車程，沿路都是些印度小村小鎮，色彩鮮豔的紗麗，很多婦女頭上還頂著一個大瓶或籃子，滿街都是小孩和老者，灰塵撲撲，印度小村的感覺就是山路泥濘，路人比都市的較黑和瘦，房子比較殘舊，偶爾會經過一些新建的房子，大多油漆成粉紅或粉橙色，很多還是建築到一半就停下來。當然路上還可以見到連綿綠油油的田和樹。還有就是那一種氣味，田園、草、樹木、風、廟宇裡面的燃香，每個人眉心上的紅點、口中呢喃所持的咒語，當然還有路上不停的響號，計程車在路上左穿右插、車牛爭路的情形，就是一個印度小村小城的寫照。終於計程車慢慢的駛進德瓦卡，這個沿海城市有很多廟宇，也有一尊很大的濕婆神石像，大部分城市的房子都是以白色、黃色、粉紅為主色，但這裡最大的色彩是天和海的藍，今天晴空萬里無雲，海面平靜，素桑感覺自己就是天和海中間的一小點，隨時可以淹沒在這片藍色裡。

素桑先把行李安頓在海旁的酒店，房間的窗戶和陽台能看到阿拉伯海，但她無暇欣賞景色，感覺有一種來自海裡的召喚，於是她沿著海旁走，這條路經過房屋廟宇，還看到很多泊在岸邊的船，最後來到 Dwarkadhish Temple，這是一所供奉克里希納的廟宇。一踏進廟來，剛巧他們在做火供（Aarti），他們唱著歌拿著小燈芯，火成了神的化身，讓人表達謙卑和感恩。開始時祭司會在神像前用小燈芯火繞神像三次，火供象徵著五個主要元素，地、水、火、風、空。然後信徒會走到祭司面前接受小燈芯火，繞頭三次代表受到保護和祝福。廟內有不少人在參拜，主殿供奉的是一尊沒有很大的黑色克里希納石像，穿著黃色衣服，還放了很多金色的刺繡裝飾。有些人在一段距離外膜拜，有些在冥想……空氣中瀰漫著一種寺廟燃點著供香的氣味，味道有點濃烈。

素桑在裡面坐了一會，感覺裡面的能量很特別，不是沉默的，反而有一種震動，有一種快要冒升的感覺，但素桑不知這代表什麼？她在廟宇裡走動，隨著海的方向走下去，廟宇的門可以一直通往海邊，素桑拾級而下，海裡有很多人在念著克里希納的名號，然後把自己全身沉浸入海三次。也有一些小孩在旁邊游泳嬉戲，素桑脫了鞋子把腳浸在海裡，涼意從腳底一直通到頭頂，在這一剎那，遠處的海面出現了一個很大的城市，不是金碧輝煌卻絕對是一個十分有規模和超時代的建築，外面包了一層渾圓的淡藍能量，好像能隱蔽在藍色的天空中。素桑心想，難道這就是克里希納時代的達瓦雅哥城？在她面前的水分成兩面，像摩西分開紅海，中間現出了一條通道，素桑看看旁邊的人，他們還是專注著自己所做的事情，絲毫沒有察覺這個海上城市和這條通道，難道他們看不到這個景象？素桑正在琢磨，然後看到遠處有一個身材中等的人形物體朝她從這條通道走來，當這個物體走近的時候，素桑看到他皮膚泛著一種深藍色，眼睛沒有眼白，整隻眼是天藍色的，他向素桑行禮，並示意素桑跟他前往。通過這一段用白石砌成的通道，這個人一路往前，身體的顏色就越來越淡，在城的入口有一輛長型的飛船在等著，飛船是開放的，可以自由進出，也沒有門，就像是一輛沒有馬的馬車。後面有兩個座位，素桑被邀請入座，面前沒有方向盤，素桑見他拍一拍手，這飛船就起飛了。

面前這個城市中間有一個高塔，塔尖高聳入雲，中間有一部分有三層像圓形飛碟那樣，街道上很多人的皮膚、眼睛跟這個人是相同的。這裡的建築物都是帶有尖頂一層一層的，像印度和柬埔寨、泰國等的廟宇，只是外面沒有那麼多石雕，質料也不像是石頭，素桑看到地上發光，光點連起來成爲圖案，只是她無暇細看。他們在另一座高塔頂停下來，飛船把他們放下，裡面是開放式的建築，中間有一個大堂，四面有些大柱。那人示意素桑在這裡等待。然後有一些看似是女子穿上些絲薄的衣服，倒有幾分像沙麗但簡單得多。她們給素桑端上飲料，這些飲料帶著花香，素桑不知道是什麼花，正在躊躇是否該喝下，素桑覺得在很多情況下，這也是必須的冒險，她明白看到人形的不一定是人，看到女身形像也不一定是女的，所以她只好形容所看到的，卻不敢妄下判斷。倒是素桑心裡有一大堆疑問。

「你可以放心喝下，這汁液只會讓你更適應這裡，它會改變你看東西的層次，譬如說你之前能看的是一個層面和維度的，現在可以多看幾層。」隨著聲音看去有一個皮膚白得發亮，眼睛也是全部藍色的人向素桑走去，他個子不高但感覺很健碩，穿一些很輕薄的衣服。

「歡迎你來到達瓦雅哥城，這就是傳說中因克里希納死去而被大水沖走的城市。我的名字是齊格，是這個城的市長。讓我先回答你心中的疑問，第一，克里希納沒有死去也不可能死去，我們都是加瓦嘉西族，我們早就完成生命不死身，同時在你們的傳說裡，是說有一支箭把克里希納射死，那又怎麼可能呢？什麼箭？誰射？正確來說應該是克里希納在宇宙大戰之後已完成任務，當時不同地域的子民已經接受和平共處並各自休養生息，所以祂被召回星球重新訓練繼任人。而達瓦雅哥城在克里希納臨走前將整個城隱藏起來，所以普通地球人是看不到的。」齊格把故事說出來。

素桑聽後不覺一笑，果然是能讀心的。

「那麼現在水底下的遺址是什麼？」素桑很有興趣的問。

「那是城市的一個小部分，當城市消失後，很多人認爲整個城市沉於海底，所以我們將錯就錯讓人朝這個方向想。現在你看到的才是眞正的達瓦雅哥城。」齊格繼續說。

「我想知道我在這裡的原因？」素桑問。

「我們收到消息說你要來查看這裡，也知道你已經去了與那國町開了Mu封印，如果你能把我們的技術和神聖教義再次振興，將會對現時的地球有很大的幫助。我們的資料是有封存在多瑪宇宙學院的，所以你能夠開啓。」齊格解釋說。

「你們的教義是否是印度教的先祖？」素桑說。

「是的，不只是印度教，還有瑣羅亞斯德教，當然現時的宗教儀軌有很多是後來的人加上去的。火其實就是光，他們沒有辦法製造光，所以只能用火。我們所追求的跟宗教並沒有關係。地球人把我們的導師擬神化，當然，對地球人來說我們與神無異，但在我們最終的教誨是跟源頭、神、自性合一，這是超越了膜拜，而是最終大家成爲一體，跟形成宇宙的力量成爲一體。在地球，跟著我們的方法在這一萬幾千年做到的大有人在，只是現在希望這些方法能再普及，讓大家終究可以躍到另一個起跳點。」齊格一字一句的說。

在齊格說的時候素桑彷佛看到這幾千年的地球，那些追隨這些方法的行者，在寒天雪山、在森林、在了無人煙的地方、在鬧市，好像看到他們一個一個的躍升。素桑也想到在自己的經驗而言，印度的確是給她最多指導和靈感的地方。她的老師是印度人，但卻已經超越了宗教的範疇，因爲如齊格所說：「最終必是跟源頭、神、自性合一，跟形成宇宙的力量成爲一體。」素桑很明白齊格所說的。

「你所說的方法就是瑜伽、冥想、呼吸、身體的能量躍升，跟宇宙能量接軌，再加上苦行、止念等是嗎？」素桑還是繼續問下去，因爲她覺得現今地球人所理解的並不一定正確。

「你所說的都對，但如何是正確的方法就差之毫釐，失之千里。這些只是入門手段，心法已經失傳，現在很多地球人把這一切變成了生意，或成了用來操縱信徒的手段。這五十年來全世界很多人都以爲自己在做瑜伽、冥想、呼吸甚至苦行、止念，但眞正能成功的沒有幾人。」齊格想一想說。

「爲何會有這種情況？」素桑問。

「你自己想想吧，那裡的情況你比我清楚。」齊格不太想回答說。

素桑心裡確實是明白，因爲現在很多老師不知孰眞孰假，不知那個傳承，不知他的心！而普遍很多人只是想找一個他認爲能符合他條件的老師，但問題就在他的條件，很多人根本對選擇老師沒有條件，也不知道該怎麼選擇，盲從的去膜拜。又或許心中有很多慾望，跟尋找眞正的「我」並無關係，所以這一切的一切變成了商品，成了另一個「自我」的遊戲。正邪如何分辨？只能說就算是不好的經驗，也要說成是宇宙送的禮物。總之一切都是有最好的安排云云……加上一個讓人不能懷疑與反駁的業，大家就會噤若寒蟬，素桑想了一圈不禁會心微笑。

「待會你做練習的時候便會清晰一點，雖然我們做的大部分地球人是做不到的，因爲你們的身體突破不了三維世界的約束，但你們的心是不受約束的，只要心能夠進入宇宙的心，其他的一切是會跟隨的（當然中間還是會有一些適應）。之前你所說的所有練習，是準備讓人類的身體達到感受這份宇宙心而永不退轉。這些方法已經做過很多試驗有跡可尋，但有些人類已經重重複複，在很多次生命練習過，對他們來說只要找到契機就可以一躍而上。契機可以是一句咒語、一個地方、一個人、一個想法。在我們的觀察現在地球已經累集了好些可以一躍而上的人，所以你的使命是幫助他們這一躍。能跳過的就可以把地球過往所認爲的固有模式顛覆，讓地球在最短的時間可以重生。你必須要絕對不能懷疑，不要想只要做。」齊格不徐不疾的說。

素桑一直聽的時候，腦海中當然會出現各種想法和懷疑，但當齊格說到最後的時候，素桑就不再發問，不再讓自己存有任何疑慮。她很明白這些經過思維的念頭會一直把她牽引，不讓心識去到最純淨自然、最專注的狀態。

然而當下就是最純淨自然和最專注的狀態。

7.7.31

16

食氣——人類的終極挑戰

斷食和食氣是有分別的，斷食是因各種原因在一段時間不吃食物，這個可以作為練習專注、感受宇宙、淨化身體的方法，但出發點是有一天仍會繼續返回吃食物的。至於食氣者則是讓氣成為食物，你的食物是氣，最大的改變是你的身體不需要依賴吃食物和喝水來維持，身體能從氣中吸收身體所需。所以這並不是一段時間的不吃不喝，而是徹底改變了身體對食物的依賴。這是顛覆了你從出生以來所知、所想、所學的一切，然後你的生命會到達另一個層面，突然間很多門會為你打開，你會重新認識你自己。

齊格示意素桑坐下，這椅子是四腳長方形用石頭造的，像茶几，也像椅子，沒有靠背，上面放了一塊薄薄的墊面料像絲綢。

「你隨我做一些呼吸，這樣可以幫助你在短時間安好神識。其他的動作息止你再看看。」齊格看著素桑說。

素桑覺得他眼睛的整個藍色像深海也像天空，眼球部分有一層深藍色的三角形，就像宇宙的顏色。看著齊格的眼睛，素桑感覺被催眠，她沒有打算抗衡，只是自己要定一定神，不會被其能力支配。

素桑隨著齊格做呼吸，但他的呼吸並不是用口或鼻做的，他的呼吸是用整個身體做的，基本上全都不是什麼肺部、丹田，是從頭到腳每一寸皮膚，齊格又示意她用頭頂來呼吸。素桑看著他，然後嘗試靜下心來感覺用皮膚呼吸，但她的鼻子仍然在呼吸。素桑感覺皮膚的毛孔放開，但是否眞的能呼吸，她也不肯定，畢竟這個還是地球人的身體。

齊格喚人拿了一個口鼻罩過來，像是要素桑蓋著鼻子和口。

「我的身體還是地球人，看來我們是要用鼻子和口來呼吸的。」素桑邊說邊瞪著眼睛，指著自己的鼻和口。

「誰說地球人一定要用鼻子和口來呼吸的呢？這只是因爲你們一直只是聽從前人所說的所以照做而已。」齊格說。

「不是的，我們出生不用別人教就已經用鼻和口呼吸的。」素桑皺著眉頭說。

「我不是說你們不能用口和鼻呼吸，但其他的人從來沒有嘗試過用別的方法呼吸，所以他們也不會教導或讓你們覺得可以。」素桑聽完覺得不無道理，只是還在猶疑是否要蓋著鼻子和口。

「不是叫你不要想只要做嗎？」齊格看一看素桑說。

素桑看著齊格嚥下一口大氣，有點勉強的把面罩戴上，她盡量把以前學過的存氣呼吸法用上，就是呼吸後可以把存氣很慢很慢的用，就像閉氣在潛水一樣。法國有一個人可以一口氣在水底靜待二十二分鐘，儘管可以待久一點，還是沒有改變用口和鼻呼吸的方法。時間一分一秒的過去，素桑開始覺得身體需要氧氣，需要呼吸，她不知道自己能撐多久。她的思維開始遊走，開始在想缺氧而死亡……齊格向她示意專注在頭頂的呼吸，素桑趕快收拾心神，把注意力放在頭頂，這個地方應該就是百會穴，她感到有點發熱但未能呼吸。素桑整個人已經通紅，氧氣快用完，她很想把這個口鼻罩摘下，但罩戴上後沒有他們的指令是摘不下的。素桑覺得自己有窒息的感覺，對死亡素桑並沒有害怕，因爲她很清楚這是肉身的死亡，只是身體的不適會讓人產生恐懼……

齊格做了一個手勢叫素桑專注當下，然後把一隻手放在素桑的頭頂，突然間她的身體裡啪的一聲，然後有一道氣緩緩從頭頂落在身上遊走，那不是平常呼吸的空氣，身體再沒有缺氧的感覺。素桑感到舒服多了。齊格把手拿開，叫素桑自己試試，素桑這次很專注頭頂的呼吸。其實這並不是平常的呼吸，倒像是身體內的氣在吸，通過頭頂把外面的氣轉化成身體能用的氣。素桑要十分專注，稍有分心身體這個連綿吸氣的感覺就會中斷。

齊格示意素桑在這裡繼續。素桑也不敢分心，因為如果有任何懷疑，思維會隨即把這個吸氣的方法停頓，素桑覺得像潛水時用氧氣筒呼吸，只是現在做的呼吸跟呼吸氧氣無關。素桑的窒息感覺沒有了，慢慢地小心專注在這個頭頂呼吸，然後感到身體其他的地方也可以呼吸，像皮膚，像身體器官，她仍然戴著面罩，代表素桑並沒有用鼻和口吸氣已經有一段時間了。她自己也覺得很神奇，似乎齊格所說的是對的，但轉折點應該是齊格把手放在她的頭頂，究竟如何能做到，她也不明白，當身體接受了這個吸氣的形式倒也沒有什麼不妥的地方。

模模糊糊的素桑好像在這裡，用頭頂呼吸法呼吸了很久，當中沒有見到齊格，卻好像有人給她蓋了毯子，她覺得自己外面模糊，裡面清明得很。她不知道自己坐了多久，反正應該沒有死，沒有喝過水和吃過任何食物。她繼續專注體內呼吸，反而覺得越來越舒服、和暖。當齊格喚醒她的時候，她一點也不願意出來，希望繼續停留在這個呼吸內。齊格把口鼻罩脫掉，素桑感覺臉上清涼但沒有感覺口和鼻在呼吸，素桑覺得用頭頂呼吸比口和鼻還要舒服多了，也就索性只用頭頂呼吸。

「你感覺如何？你已經在這裡三日三夜，而且這三天你只用頭頂呼吸，你知道嗎？」齊格問素桑。

「不知道！我眞的沒有了時間觀，只是知道有人給我蓋過毛毯，然後我又繼續安於這個吸氣的狀態，現在反而覺得口和鼻的呼吸不是必需的。但你這個給人戴上口鼻罩的方法也不是每個人適用的，是嗎？如果有人轉不過來或因爲有很多恐懼被自己的恐懼嚇死了，怎麼辦？」素桑眞心想知道答案。

「這個方法當然不是給每一個人，使用這個方法的都是已達到最後階段者，同時做這一個方法的時候，我或其他導師必須在場。至於其他人我們早已留下很多不同的呼吸方法讓他們練習，提高他們對身體、意識、念頭、死亡、恐懼……的認識。這個過程已經在地球推行了幾萬年了。重複又重複地很多人已經成熟，現在只剩最後這一跳。」齊格解釋說。

「當他們穩定後就會是地球在幾十萬年以來最大批的吸氣者。他們再也不用吃地球的食物而能直接吸食氣，就像你三天以來所吸食的。」齊格說的時候讓素桑看到他在吸氣，整個身體會發光的樣子。

素桑看著齊格眼裡冒出了光芒！她早就想轉成吸氣者，只是一直未能做到。她明白吸氣者是必須要學會如何食氣，現在地球只有寥寥可數的幾位導師傳授這方法，不知道如何，素桑並沒有試過，有好些食氣者還是會偶爾進食，素桑好像一直在等待。其實，在印度的神話裡，常常有不喝不食的苦行者，我們看來是苦，可能對他們自身而言只是一個用來磨練心志和專注力的練習。

「請你多給我解釋有關食氣，因爲我覺得這將會是人類的一個里程碑。跳躍以後大家對食物、水、能源短缺、地球耗損、食物鏈破壞、恐懼、死亡等等都會有不同的體驗。地球人對食物的執著已經差不多無可救藥，豐裕國家更是達到吹毛求疵和損耗的地步。我曾經看過報導，聯合國糧食及農業組織（糧農組織）估計，在二〇一六年全世界七十六億人口中約有八點一五億人（佔十點七%）患有慢性營養不足，幾乎所有飢餓人口都生活在中低收入國家。已開發國家有一千一百萬營養不良人口。很多已開發國家浪費大量的食物，所以全世界的食物不能平均分配。如果要這些飢餓的人在這個覺得自己會因飢餓而死的觀念下去食氣是不可能的，因爲他們的思想和身體會作出反應覺得自己會被餓死。假若有很大一批在沒有飢餓狀態或營養不足的情況下成功成爲食氣者，這個風氣就會蔓延，讓更多人願意接受和嘗試。」素桑把自己的想法說出來。

「對的，你的想法是正確的，但現在普遍地球人沒有搞清楚一些事實，所以把食氣變成一件奇特的事情。我觀察了你們上萬年的時間，幾千年前在地球能以食氣維生的人數比起現在多幾萬倍。對於什麼是食氣，你在經過以往三天的經驗，應該心裡有數，雖還未是最精確的了解，但已有初模。地球人在開始食氣之前往往會認爲需要循序漸進，例如他們會從肉食者轉成素食者，再轉爲食生、果食、果汁，到最後以不同方式長短的斷食直到有一天能以吸氣維生。你知道人類爲什麼要吃東西嗎？」齊格最後問。

「除了維持身體所需和緩解飢餓感，我沒有想到其他的答案！」素桑回答說。

「你們進食後如何維持身體所需？是所有食物都能夠對身體有幫助嗎？」齊格繼續問。

「這個當然不是，現在很多食物是垃圾食物，不但對身體沒有好處，有些反而對我們有害。例如加工的，有很多添加劑、色素……但人類吃東西的時候不就是能自動吸收身體所需的嗎？」素桑問。

「當人類吃東西的時候，身體是會把食物中的氣或能量抽取出來吸收的。這個就是用來滋養身體，但由於大部分人不能直接從空氣或能量中吸收，我們才要繞這一大個圈子，吃不同的食物直到身體吸收到足夠的能量。食物入了胃，經過胃內的生物式核化反應過程，所有食物都會分解成最小的分子，也就是現代人所說的營養分子，他們會把食物的能量釋放及最終極『氣』的釋放，營養分子被各細胞吸收，再進行依次生物式核化反應而分解成『氣』，細胞就是靠這些得以養命的。所以食物越新鮮越簡單越容易吸收，當人從熟食轉到食生的時候，身體會很容易吸收這個能量和『氣』，因爲當食物沒有煮過，其能量沒有受到破壞，身體更容易吸收。而服氣或吸氣是直接把『氣』給細胞，免去中間過程，所以給人不用吃東西也可生存的幻覺。從熟食到生食再到食氣中間並沒有必然關係的，只要人類學懂和明白什麼是食『氣』就可以了，當中的過程只是適應的問題。」齊格慢慢解釋說。

素桑越聽越有興趣，因爲她茹素多年，近年也開始食生，雖然沒有到達百分之一百，但亦達大部分，不過在她心中一直沒有完全成功的是食「氣」這一環。

「我想問關於食氣和斷食的分野？我自己一向有斷食的習慣，有時長一些，有時短短一兩天，也有乾斷，那代表水也不喝，以前也曾試過好幾個月只靠水和果汁，但我覺得還是沒能完全放下對食物的依賴。以前可能會以斷食作爲淨化，現在這個感覺都沒有了，因爲身體基本維持在一個相對乾淨和平衡的狀態。如果只是爲了淨化，好像已經沒有什麼意義。當然不吃還是會帶給我們很多意想不到的好處，例如人可以處於一個更沉靜的狀態，容易接收高能量訊息，世界變得簡單清明等……我覺得這些效果其實會讓人上癮的。」素桑一口氣把自己多年來沒有跟別人溝通過的資料和盤托出，因爲她覺得齊格能夠給予答案。

「其實用你的經驗能夠理解到這個地步已經很不錯，你說得對，如果只是用來淨化，到了一個層面就必須要有所改變。身體的淨化，思維的淨化，甚至業的淨化。當身體的淨化做完，就不需要不停的來來回回，只要能把身體保持一個比較穩定的潔淨平衡狀態，身體是不需要不停做淨化的，這只是另一個執著的陷阱。其實地球上幾乎所有的宗教也有斷食要求，因爲在人類而言，有什麼可以比斷食更能立即改變身體狀態？斷食可以讓身體沉靜下來，讓人可以接收宇宙的聲音，這可以是以神、天使、菩薩、耶穌、亞拉、大能各種不同的名相來傳遞。

「人類的身體也可以用斷食來修復，但斷食和食氣是有分別的，斷食是因各種原因在一段時間不吃食物，這個可以作爲練習專注、感受宇宙的方法，但有一天仍會繼續吃食物。至於食氣者則是讓氣成爲食物，你的食物是氣，最大的改變是你的身體不需依賴吃食物和喝水來維持，身體能從氣中吸收身體所需。這並不是一段時間的不吃不喝，而是徹底改變了身體對食物的依賴。這是顛覆了你從出生以來所知、所想、所學的一切，然後你的生命會到達另一個層面，突然間很多門會爲你打開，你會重新認識你自己，重新審視宇宙與你的關係，返回身體最初的狀態。你要記著這是你最自然、最舒服的狀態。」齊格慢慢解釋的時候，素桑見到在這個三維地球上曾經成功成爲食氣的人，其中有很多道家的丹士、印度教的行者、密宗的瑜伽士，也有猶太教的先知，當然在地球更遠古的歷史裡食氣就更普遍。

在素桑這一個生命軌跡裡很早就接觸斷食，素桑很懷念多年前她有兩個已經離開了這個三維世界的美國朋友，兩位都是博士，也是她催眠治療的導師。迪賓和米高都是斷食老師，米高更是長年不食，對當時來說是很難被人接受的，米高曾畢業於西點軍校，素桑見過他以前的照片，體格魁梧，他有時候會喝一點果汁，但大部分時間以吸氣維生，最後一次見他大約是二十五、六年前在峇里島（那時的他已瘦如紙板人），由於他大部分時間歸隱，之後也沒有機會再見，倒是迪賓是常有聯繫的。過了好幾年，有一天迪賓告訴素桑，米高離開了這個三維世界了，他說米高離開前跟他見過面，他是完全知道自己何時會離開，所以回美國交代好所有事情。迪賓說：「米高已經去過另一面（the other side），他可以挑選繼續留下還是離去，但他決定離去。故此，他是沒有恐懼的，一切就如一個瑜伽士在冥想中過渡。由於他準備在家離開，他還把身體停留了七天才下葬，讓身體和意識有充分的時間走完最後一段過程（這些資料大家也可參考《西藏渡亡經》）。」當素桑聽完，覺得這個不失爲離開三維世界的好方法，看到了死亡後的另一面，再回來選擇，這樣就不會對生命不解、迷惑與恐懼，但能這樣做到的人寥寥可數。不知道爲何突然間會想起他們。

至於齊格所說，每個宗教也有斷食，這個素桑倒是有很多資料。當年她很沉迷斷食的時候做了一個徹底的研究。猶太教一年約有五次斷水斷食，從日出到日落，也有二十五個小時，有些虔誠教徒可能會久一些；至於贖罪日則是整個以色列的人都會乾斷二十五小時。在沒有住在以色列的時候，素桑最多是以水斷食，到以色列才乾斷，然後發現了一個很大的祕密，原來水是食物，只要你試過乾斷，才會明白水其實是很充足的食物。素桑倒是很享受在乾斷中沒有身體繁雜訊號的感覺。

回教的齋戒月從日出到日落不飲不食不抽煙和性行爲，每天只能在日出前進食，稱爲 **Suhoor**，和日落後進食稱爲 **Iftar**，日落到日出前可以任意吃喜歡的食物。至於基督教、天主教、東正教稱爲大齋期、四旬期，由開始到復活節一共四十天的齋戒，四旬齋期讓人們的思想和心靈準備好，記住耶穌的生命、死亡和身體的復活。在這四十日內，有些派別是不能吃肉，但能吃魚，而在聖灰星期三和耶穌受難日的齋戒，也可吃東西，只是量比較少，餐與餐中間不能進食，但他們好像沒有很統一。耶穌在試探山做過四十天的斷食，這也懷疑可能是乾斷。佛教其實並沒有特別的齋戒期，只是有些受過戒的僧人會過午不食，但佛陀在未成道前有六年跟隨苦行瑜伽士修苦行斷食，當時他們的目標是完全消滅身心，進入純粹的存在狀態。這些瑜伽士認爲，實現這目標的唯一方法就是經歷嚴峻的苦行，例如凝視太陽，直到他們的眼睛消失，坐著或站在僵硬的位置，直到他們的四肢變得不動，或讓人挨餓到死亡點……至於埃及、南美、歐洲的祭司、薩滿、巫師在需要做重大祭祀儀式或喝死藤水前，都會有齋戒斷食的要求。印度的瑜伽士本來就有一個很悠久的斷食歷史和指引，他們除了特別大的節日，有些人在月圓或供奉不同神祇的日子也會斷食的。在印度教中斷食是爲了精神上的利益而拒絕身體的需要。根據經文，禁食能讓身體和靈魂之間建立和諧的關係並能贖罪。這被認爲是人類得到福祉的必要條件，因爲這樣可以滋養身體和精神的需求。印度教認爲在這個世道要追求靈性的道路並不容易，所以修行人必須有些克制，這樣可以幫助精神集中，其中一種克制是斷食，這不僅是崇拜，更能訓練自律、忍耐和堅持。根據印度教的哲學，食物意味著感官的滿足，而飢餓就能讓感官提升。他們認爲當胃塞滿時，智力會變得昏沉，智慧靜止，身體各部分也會被束綁，限制了執行正義行爲的能力。但素桑不得不提這些斷食活動都只是思維上的玩意，眞正的我們並不需要淨化。我就是終極源頭，本來如是，所以是完美無瑕的。

「那麼下一個問題就是，食物是否是三維地球所必需的，如按照剛才你所說的，人類因爲要從食物中吸取氣來滋養生命，那麼直接吸氣似乎更可行，我們爲什麼還是停留在食物階段呢？」素桑問。

「人類的身體是在一個很粗糙的層面，食物也是。當人類的靈性生命有所進階，連帶他的身體所需也會變得細微，從不同類型的斷食到最後以吸氣維生，這就是他經歷了一個完整的過程。當中最難適應的是對食物的執著和認知，以爲只有食物才可滋養生命，這一部分其實不是身體的問題而是思想性的問題。」齊格不厭其煩的說。

「對的！我很明白你所說的，因爲我就有好幾次的經驗是因爲各種念頭而左右了繼續食氣的決心，畢竟那個時候也沒有很清晰的指導，只是摸石過河，走一步算一步。」素桑回答說。

17

臣服與自由意志的當下

這些宇宙正道的高維度的生命（統稱為神）在一個當下因自我的膨脹，覺得想試試當魔的滋味，可能為的是權力或反叛或只是覺得有趣。於是這些神成了魔，祂們原本也是充滿力量的，改成魔道以後力量依然，只是成了魔道力量。但同樣地魔也可以回歸自然變回神，所以神魔都是同出一轍。神變魔，成了邪，魔變神，回歸正，所以這個故事就是不斷的交換改變。

齊格說完後示意走出這個房間，素桑已經很久沒有見過陽光，沒有看過綠樹藍天的自然風景，天空沒有很藍反而覺得有點淡淡的粉藍色，可能因爲他們用了一層能量讓這個地方隱形於世，站在陽台上可以看到一望無際的城市，也看到海和山，但這個城市以前不知是否連接著現代的德瓦卡城，還是自成一島。這個地方面積實在很大，很舒服，眼看島上的人都過著很優遊的生活，自給自足，好像又是另一個世外桃源的寫照。

「這裡的人是否不用工作？」素桑好奇的問。

「不是，這裡的人都按自己的興趣和喜好選擇工作，但每一年他們必須回到軍隊服役，接受訓練。」齊格回答說。

「你們要跟誰打仗？」素桑不解的問。

「我們並不是孤立的，正如我之前跟你說過，我們是來自加瓦嘉西星球的，你不要忘記克里希納是我們的大老師，祂在統領的宇宙戰爭時，我們的族人也有參與。那可是一場戰況激烈的戰爭。」齊格說的時候眼望遠方，好像還能看到當時的景況。

「啊！對的你曾經提過的，克里希納在宇宙大戰之後已完成任務，所以返回祂的星族，那你所說的宇宙大戰是否就是記錄在《摩訶婆羅多》和《薄伽梵歌》裡的戰爭？在《摩訶婆羅多》曾經有記載：

Gurkha，飛快速而強大的 vimana，
投擲單個射彈（火箭），
充滿了宇宙的力量（核裝置）。
白熾煙火柱，
像太陽一樣明亮，

它充滿了光彩。
這是一種未知的武器，
鐵霹靂，
一個巨大的死亡使者，
Vrishnis 和 Andhakas 的整個種族，
都化爲灰燼。
屍體被燒得無法辨認。
頭髮和指甲掉了下來；
陶器沒有明顯原因破裂，
那些鳥變白了。

"Gurkha, flying a swift and powerful vimana [fast aircraft],
hurled a single projectile [rocket]
charged with the power of the Universe [nuclear device].

An incandescent column of smoke and flame,
as bright as ten thousand suns,
rose with all its splendour.
It was an unknown weapon,
an iron thunderbolt,
a gigantic messenger of death,
which reduced to ashes
the entire race of the Vrishnis and the Andhakas.
The corpses were so burned
as to be unrecognizable.
Hair and nails fell out;
Pottery broke without apparent cause,
and the birds turned white."

「根據我看過的一些解釋認爲，這裡所說的 vimana 就是一個天空飛船裝置，宇宙的力量就是核裝置，當中發生爆炸後所出現的情景就是核爆之後所產生的變化，人們燒成灰燼，屍體被燒得無法辨認，頭髮和指甲掉了下來，陶器沒有明顯原因破裂，那些鳥變白了就是可能成了粉狀，然後食物被感染等等都是核爆的後遺症……這些都是近代的遠古外星人學者所提出的問題，而且理據充足，只是主流科學不接受他們的建議。」素桑一口氣說個不停，顯然這個問題悶在心裡很久了。

「是的，他們所描述的確是這場宇宙大戰，當中所提及的 vimana（可詳閱 Vaimānika āstra）就是一個飛行裝置，既可在天空，也可以在水裡和在太空飛行。這個裝置可以很巨大，像一座城堡，也可以縮小，裡面可以承載很多人。如果有一天這個地方發生什麼事需要逃走，就可以用它把所有人接載到別的地方，它能隱形於所有能量偵測。至於那個武器，並不是你們地球的核彈，是一種模擬天然災害的武器，但後遺症比較輕的。當然有些武器能在空氣發放，只是這樣連帶自己的士兵也會受到傷害，所以不會使用。」齊格很精簡的回答，好像不太想說很多。

「你說的空氣發放武器是否是細菌？還有你說的能變大縮小的有點像現在地球人量子科技研究，但我認識得太少，加上地球上的科研知識只是給很小眾的科學家，一般人只能靠自己學習，各種資料來源也並不普及，甚至很多人把電影的橋段當成眞實。這場戰爭是在地球發生嗎？」素桑很想知道答案。

「不是。」齊格問一句答一句。

「那麼地球有些地方，如在巴基斯坦摩亨約達羅（Mohenjo daro）和印度的拉賈斯坦邦，都有一些像核彈爆發過的痕跡？」素桑一邊思索一邊問。

「那些不是核彈爆炸的痕跡，那些是隕石撞擊的後果，遠古地球是有經歷過戰爭，但戰爭雙方均會嚴選武器，不會令地球承受不必要的災害。只有現代地球人才會愚昧無知做出如此傷害地球的事情。地球在過往的幾十萬年也沒有經歷過現代地球人所給予地球的創傷。」齊格無奈地說。

他說完後素桑怔了一怔然後說：

「是的，現代地球人才是問題癥結所在。」

「那你們當時是爲了什麼而戰爭的？」素桑繼續問。

「是正邪之爭！」齊格幽幽的嘆了口氣，然後他在面前做了一個螢幕，把當時戰爭的部分情景投影了出來。

素桑在地球連普通打仗也沒有經歷過，這種宇宙大戰的情景讓她看得目瞪口呆。開戰的地方很大，有遼闊的沙漠、有草原、有海底，很多不同種類的母艦在天空，一艘母艦可以掩蓋了一個紐約市那麼大的面積，也有各種飛船，有些比較小巧，乘坐一、兩個人，有些坐在不同的單人坐騎，那些坐騎看來像一些在書本中形容過的神話生物，龍頭馬身鳥翼、鳥頭龍身，牠們看起來像機器不像生物，也可能是改裝過的；有些人形很是高大，像巨人，可能有二、三十層樓高；也有翼人，他們一身五彩顏色。他們在陸上、天上、海裡打仗，令素桑目不暇給，也不知誰打誰。她看到一些新奇的武器，像槍像劍像棍像傘，有些是無形的但敵人會倒下，場面很奇怪……對一個未經歷過戰爭的星族地球人來說，素桑對武器的認識只停留在科幻電影裡。

「那些像電流的光一擊斃命，是雷射槍？死光槍？」素桑連問題也不會問。

「那是光源能槍，不只一擊斃命，還可以把那個生物的靈魂暫時收押，那就代表那個生物並沒有死亡，只要他們的星球肯投降，我們就可以把靈魂放回去。你看到那些無形無光的是音頻，覆蓋的範圍更大，可以讓生物的腦部功能被壓制暫時昏厥，必須要有發放者的調頻才會甦醒。當然敵人也會有相同的武器。」齊格說。

素桑心中恍然，這不就是爲何在那些神話故事裡，死去的靈魂可以重生的原因！她突然想到，原來當大家已經沒有了死亡的恐懼，死亡還是會發生的，身體的死亡似乎大家並不畏懼，但靈魂的消亡和傷害還是難過的，所以大家還是奮力在抗爭。

素桑忽然間好像看到自己在這幅戰爭圖畫裡面，那個穿著銀色衣服，背上有一雙銀白色翼的天使，這個形象在穆一蘭絮國的時候曾經見過。她看到自己在飛翔，眼底下的大地火光熊熊，有很多人在戰鬥，她感覺自己在保衛這個地方，側眼看去自己的翼是銀白色的金屬，收起來可以像鐵甲保護自己。她在天空穿梭，發放了很多能量球。她看到有些敵方是跟她一樣的天使，只是他們的能量牆很不一樣，強烈但讓人不安……素桑一下子又回到現實。

「你剛才說你們打的是正邪之爭！這不是二元世界對立的特質嗎？你們不是已經超脫了二元世界的牽制嗎？」素桑回過神來問。

「小女孩！所謂的超脫二元世界對立，只存在於當心識已經完全跟源頭能量融合，完全沒有『我』念，那麼也自然不會有正邪之分。要所有的宇宙達到這個狀態才可以，只要宇宙中有星球未能達到這個狀態，最後還是會有分歧有戰爭的。」齊格解釋。

素桑心裡覺得戰爭不只是外在的，每個人內心的思想戰爭、好壞、正邪、黑白、是非、善惡，這些二元世界對立的特質，每天都徘徊在我們的心裡。

「何謂正邪？」素桑忍不住問。

「以契合自然之律的爲正，違反自然的爲邪。」齊格帶點正義凜然的說。

素桑聽罷，記得之前也有人跟她提過自然之律，這個律其實就是一切背後的能量，有人稱之爲神，爲源頭，它自有其規律，像星球運行的軌跡，只要你看過宇宙的圖片就會明白，是有一種力量讓一切依循一個軌跡。不同星球的生命有自己的規律，有些會死、有些不會、有些會長壽但終究會死亡、有些有輪迴有些沒有……地球星是無盡星球之一，但我們有自由意志，一個可以讓我們躍升的能力。當然這個自由意志還是有規律的，只有當心識完全跟源頭能量融合，這個至高無上能量的選擇就成了我們的選擇（let thy will be my will）。素桑覺得人類或星族地球人的歷史裡是有很多人已經達到這個層面的。

正邪就像電影裡面那些誇張的正邪之爭，永遠有一個正義之士維護世界和平把惡魔打敗，但正邪又豈會只在形而上的呢？心裡面的惡魔，一念間就能把我們拉過來。素桑想，其實很多人每天都在正邪中爭鬥，邪念往往能在不知不覺間把人改變，難怪佛陀留下的指導裡有八正道，不同宗教在管理人類的正念思維都有一套法則，因爲人心難測也最善變。然而現在齊格說的是一場宇宙戰爭，那也代表有一個眞實的邪惡力量需要抗衡。

「這個邪惡力量是什麼？如何產生的？它們是原本邪惡還是後來轉變的？」素桑窮追猛打。

「光／能量／自然之本初——非正、非邪、非非正、非非邪。這根本就是無名相的，這個力量只是存在本身，但不同的宇宙和星球在無盡的生滅中，慢慢形成了自己的規律和特質，表面上它們依舊是依循自然規律的軌跡運行，但只要念頭改變，一切也會改變。例如老虎獅子是吃肉的，而牛是吃草的，因爲想要老虎不殺生吃草就是不順應自然，是添加了個人的意識意願。這個邪念可以是貪婪、嫉妒、自大、自私、仇恨、恐懼或只是反道而行……爲什麼會如此？因爲這就是自我念頭的魔力，因而產生了意識的影響。一切順應自然的就是道、是正念。如果因爲個別自我意識意願改變的累積就會成爲一個很有力量的邪念，能量越大能改變的越多，我們不評論好壞，只問是否順應正念。宇宙的戰爭就是讓邪念佔據的族群牽引至邪念的形成和結果。我們不是要消滅他們，我們也不能消滅他們，只是要讓他們回歸自然正道。」齊格慢慢的說。

「那麼邪惡黑暗力量是否眞的存在？」素桑戰戰兢兢地問。

「每一個宇宙、每一個時空都存在！」齊格回答說。

「它們是如何出現的？如何形成的？如果以自然之道來說所有一切不是都應該是正的嗎？」素桑繼續問。

「對！你說的對！但這些宇宙正道的高維度生命（統稱爲神）在一個當下因自我膨脹，覺得想試試當魔的滋味，可能爲的是權力或反叛或只是覺得有趣。於是這些神成了魔，祂們原本也是充滿力量的，成魔道以後力量依然。但同樣地魔也可以回歸自然變回神，所以神魔都是同出一轍。神變魔，成了邪，魔變神，回歸正，所以這個故事就是不斷的交換改變。是魔是神只是當下一刻的改變，神如是，魔如是，人如是。我們往往看到在地球星神魔的比例在不斷的改變，在你們地球星的第一和第二次大戰期間，魔的數量激增，然後過去幾十年神的數量慢慢回升，到最近二十年有些國家的神系人數大舉增加，而有些國家的魔系人數達到史無前例的極點，有很多光工作者也因此在戰鬥中傷痕纍纍。但總的來說，地球星比較年輕一輩，很多都是高靈導師，祂們都是爲了幫助地球而重來的。」素桑十分留神的在聽。

素桑心想確是，近年有好些甚至只有十幾歲的年輕人，努力拯救地球和發明一些環保的方法幫助地球的現象重新恢復，例如瑞典的 Greta Thunberg，在二〇一八年波蘭舉行《聯合國氣候變化綱要公約》第二十四次締約方會議（Conference of the Parties 24, COP24）發言呼籲正視氣候變遷，並發起罷課及抗議行動，獲得全球幾十萬名學生支持，並蔓延至世界各國至少二百七十個城鎮，涵蓋澳洲、英國、比利時、美國、日本和香港。她在聯合國的發言上曾說：「如果政治家們都不關注已經來臨的事實，那麼我們還要在學校裡學習些什麼？我爲什麼還要學習？」她也成了最年輕的諾貝爾獎提名人。有些國家已經立法取代塑膠袋，不用一次性的器具、飯盒，很多人轉向吃全素或食生，避免選用任何動物製品包括牛奶和雞蛋。多種樹木減少採伐，還要低碳，減緩南極融冰，幫助海豚、鯨魚，不要讓塑膠袋膠粒污染海洋，被魚群、雀鳥吞服……或許地球還有一絲希望，雖然很多科學家說地球已經過了能回頭的時間了，如果我們有一百年，現在應該是最後的兩分鐘。作家和國際佛法老師凱瑟琳．英格拉姆（Catherine Ingram）所寫的一篇文章——〈面臨滅絕〉，當中提出很多問題讓人反思。

其實能夠拯救地球星的只有我們自己，眞相終究沒有電影的正邪來得大義凜然，沒有讓人緊張的情節，也沒有英雄主義，沒有來救我們的復仇者聯盟，但或許這就是天道自然一直以來給所有星族人的教誨和機會，也或許是現代地球星人被電影的橋段蒙蔽了眞相。

還有一點素桑不明白，如果大家確信沒有死亡，那麼地球的毀滅也只是外在的毀滅，這個成、住、壞、空不正正就是自然之道嗎？那我們救的是什麼？爲何所有明白這個道理的高靈、大老師、星族人，還是會依舊拯救地球呢？這一點素桑沒有想通……

齊格帶著素桑坐上一隻鳥形飛船，跟卡卡鳥很相似，這隻飛船是直線的往上飛，素桑死命的抓這飛船旁的扶手，前面不遠有一座高聳入雲的山，根本見不到山頂，飛船一直往上飛，最初素桑只見到雲，當去到跟建築物相同的高度時，她看到山頂上有一座建築物，這座建築物的頂部像金字塔是尖的，但底部就用很多很巨大的石柱支撐著。金字塔頂看來比吉薩金字塔還要大，下面四面一整排的大石，非常雄偉，當她們走近一點的時候，發覺門口有四隻傳說中的瑞獸守著。第一隻，獅頭鹿身、龍鱗，還有角，像極了中國傳統的麒麟。第二隻，是一隻金黃色帶著一身紫氣的大鳥，雙眼像漆黑發光的寶石，頭頂的羽毛長長的垂到身後，形象極爲高貴，素桑想這應該是鳳凰。第三隻獅身人面，也有一對翼，雖說人面也不像是人，也不是獅子的臉，身體的毛是銀色的，每一條毛髮像刀鋒銳利，但素桑就沒有想到牠的名字。第四隻，人身蛇尾，一身鱗片像盔甲，但並不是在地上爬而是浮在半空的。

齊格走到門口跟四隻神獸見禮。

「老師已在等她。」人首蛇尾在半空說。

「我只能把你帶到這裡，你必須要自己進去。」齊格說。

「裡面是什麼地方？」素桑問。

「是所有大老師會合出現的地方，是有形宇宙內能量最高的地方，這些老師只是用你熟悉的形象出現，祂們不限於軀體，沒有去來，這個地方也不屬於達瓦雅哥城，祂能隨時隨地在任何星球出現，你很幸運今天能得到召見。」齊格還是氣定神閒的說。

素桑聽後不知道該如何反應，倒是有點緊張，可能是受寵若驚。她走進建築物，與其說是建築倒不如說它只是光的載體，裡面是一團耀眼非常的光，這情景倒讓素桑想起聖經故事中摩西在山上看到燃燒的荊棘，這一大團光像千百個太陽加在一起，只是沒有熱力卻也讓人不能直視，這團光能改變形狀，時而圓，時而方，有時不規則，當素桑停在它面前，光把她包圍著，這一下卻讓素桑感覺很溫暖、很開心，或許該說感到愛，這感覺像在心湖裡投放了一顆愛的石頭，泛起一層一層的漣漪，感覺心不斷的打開，心中的愛如潮水般湧出來。素桑的視線被淚水變得模糊，卻並非因爲傷心，而是心中得到充滿而流下快樂的淚。她從心裡開始全身震動，體內的每個分子，被愛的能量互相撞擊旋轉，她的身體在旋轉的同時被推到金字塔頂，這個塔頂是開放的，她沒有被推出去，只是停留在塔頂。

那裡坐了一位銀白長髮的老者，有一雙很大的金翼，祂穿的長袍跟素桑在穆一蘭絮國所穿的很像，上面繡了紫金線和寶石。素桑直覺這位老者是梅塔特隆（Metatron），她上前行禮，老者看著她，一道金光從祂的頭頂直射到素桑的頭頂，素桑整個人不能動彈，腦內的神經如被電擊，腦中間的地方很熱，頭像要破開那樣。梅塔特隆說了一句咒語，素桑聽不清也記不起，只是當梅塔特隆說完咒語，素桑感覺整個身體好像破開了一樣，裡面跑來了一個跟梅塔特隆打扮很像、比較年輕的自己，而這雙翼是銀白色的，就像在穆一蘭絮國所見的一樣。

「這是你的真實模樣！姬理伯迪蘭，你在穆一蘭絮國的時候應該已經知道了自己的身分。」梅塔特隆說。

素桑感覺到自己的變化，除了長相的改變，心識增加了很多不同的資料，就像一個人本來失憶，但突然間恢復記憶，把一切原本忘記的東西通通收回來。一下子素桑看得很清楚，她是天使族長而梅塔特隆是大天使長。天使族群是最接近源頭能量的星族，他們甚至已經提升到成爲源頭能量的使者，完全受命於這個能量，他們誓死效命去完成源頭能量的指示，是眞正會爲保衛「正」而戰鬥的。素桑一直收到關於自己不同的訊息，也開始明白爲何她看過在戰地裡張開雙翼的自己，她心中並沒有恐懼也沒有死亡。

梅塔特隆是在地球監察的大天使長，爲的是要給地球星人指引幫助他們成長。地球星在宇宙裡只是一顆很年輕的星球，梅塔特隆在地球形成之初就已經存在，很多人以爲天使只跟猶太教、天主教、基督教拉上關係，其實天使曾經在地球上所有的民族、所有的宗教出現過，只是名字不同罷了。

「你看清楚自己的身分了嗎？還記得自己的承諾？」梅塔特隆問。

「記得！是爲了讓宇宙的生命不會忘記自己，這就是源頭能量的一部分，大家是不能分割的。」素桑很堅定的回答說。

「那你現在於地球的職責是什麼？」梅塔特隆再問。

「以多瑪學院來召集所有曾經承諾幫助地球星過渡提升的天使、星族人和星族地球人，讓大家重新結集力量、回歸、覺醒。我們有些曾經重重複複的在此輪迴，爲的是這個放不下的承諾。大家完成這個工作就可以回歸本源。」素桑在回答時身體一直在發光，最後跟梅塔特隆的光和剛才那一團光融合，然後驟然消失。

素桑醒來的時候躺在達瓦卡沿岸酒店的床上，她不知道自己何時回來和如何回來。陽台上剛剛可以看到天空從黑暗星空轉爲魚肚白，星晨交替。她把自己用厚厚的毛毯裹起來，坐在陽台上，她的心很舒坦自然，生命走到這裡她沒有懼怕，沒有不捨。沒有生命，也沒有死亡，她甚至可能已經沒有呼吸，在這個當下，她明白了之前一直纏繞她的問題，重重複複的，答案是「執著」，累生累世對生命、死亡、時間、承諾的執著。放下後明白我們還是會做相同的事，因爲沒有一件事情比這更恰當。人在自由意願下，在幻象下還是會選擇做這個決定。在這個當下，素桑讓一切退下，只剩下心裡那一團光，比面前初升的太陽亮了千倍萬倍。

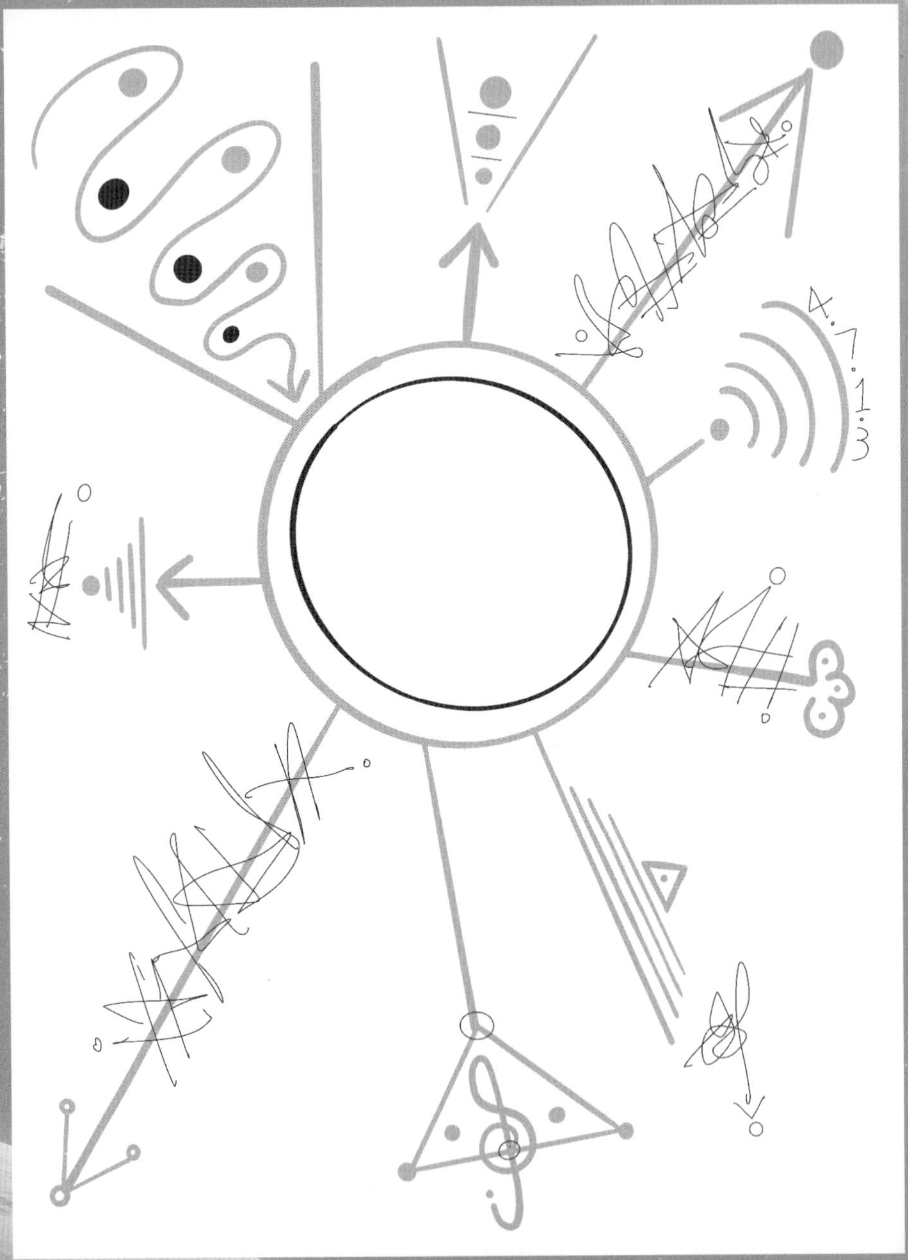

後記

連續幾個月馬不停蹄伏案工作，星族姊妹團不知不覺加入了不少新朋友，大家分工，有些幫忙辦理多瑪宇宙申請作爲慈善團體的手續，有些負責網頁架構、內容，有些負責每個月的水晶閱讀報告，也有和素桑一起負責把能量救援隊這個理念落實。

要把這個概念落實，其實需要很多星族地球人的幫助，因爲過往幾十年來有很多星族地球人已經對自己的能力和存在意義有很深刻的了解，他們對能量治療、土地治療、能量交換、地底能量線、能量網、渦流、門戶、平衡空間、不同空間、全息系統、量子理論，還有對本源、對神、對人類的歷史眞切的尋找過答案，大家在這些思維和心識的衝擊下看到當下的實相，這些朋友就正正會是我們的一大助力。這些人無私、勇敢、認識死亡，完全相信自己和本源在當下所傳達的能力和反映的現象，對好壞、正邪、善惡幻象的考驗能正面面對。大家只能同心付出這片眞心，能否眞的逆轉地球最後兩分鐘的命運，大家無從稽考，假如地球經過大家的努力還是要面臨可能注定的毀滅，那麼大家至少要知道死亡並不存在，失去的是肉身，而我們並不只是肉身，所以消失的肉身並不代表我們眞正的滅亡。只要我們堅守這個信念，我們就不會再懼怕這些捆綁我們的枷鎖。

能量救援隊這個概念顧名思義就是做一些能量救援的工作，首先大家要明白一切都是能量，或可說是振頻，大家所見所知、未見未知、有形無形的都是能量/振頻，馬克斯·普朗克（Max Planck）博士一九一八年獲諾貝爾物理學獎曾說：「我對原子研究最後的結論是：世界上根本沒有原子這東西，所有物質的起源和存在是由一種力量讓原子的分子快速振動，並把太陽系最細微的原子緊密的連接在一起……我們必須認定這個力量的背後是意識和心智，心識是一切物質的基礎。」

"I can tell you as a result of my research about the atoms this much: There is no matter as such! All matter originates and exists only by virtue of a force which brings the particles of an atom to vibration and holds this most minute solar system of the atom together. ... We must assume behind this force the existence of a conscious and intelligent Mind. This Mind is the matrix of all matter."

—— Max Planck, *The New Science*

人類的身體跟萬事萬物是以能量連結，近如身邊的朋友，遠如太陽或別的星球，在人類的身體都可以聯繫到，印度傳統的占星學很清楚的闡明以九大行星來對應人類身體的脈輪。譬如：

土星代表第一個脈輪（muladhara，地球元素）。

木星代表你的第二個脈輪（svadhisthana，水元素）。

太陽代表你的第六個脈輪……等等。

這代表身體的脈輪有這個行星的能量互相對應，這又跟道家系統的小宇宙有異曲同工之妙。人類在宇宙之內，宇宙亦在人類體內，這是一個相互補足和平衡的狀態。只要有了這一個認知就很容易解釋其他觀點，這就等同進入了一個3D的全息世界，一切以能量進行，而推動的就是念頭。

由於我們是振頻，所以在身體思維和心靈的狀態都能以振頻調教，這就是現代能量治療的原意。譬如說當能量工作者在治療人的時候看到的並不是人的身體，而是見到一團能量，這團能量出現問題的地方可以在不同部位，顯現不同的顏色，懂得解讀的就可以用改變頻率振動來調理有問題的地方。

愛因斯坦以他的相對論爲基礎，認爲沒有任何東西可以比光速更快傳播，這也是地球人如何定義宇宙的基礎。直到量子物理學的出現或量子糾纏（Quantum Entanglement）才有了不同的演繹，很簡單的說明，兩個發生在遠處的粒子（比如在太空兩個方向）變成「糾纏」並在瞬間以合一的形式出現。

正如日內瓦大學的 Nicolas Gisin 教授和團隊成員所說：

「我們的結果強調了量子相關以某種方式從外部空間/時間產生的觀點，即空間和時間都無法描述它們。」

"Our result gives weight to the idea that quantum correlations somehow arise from outside space/time, in the sense that no story in space and time can describe them."

素桑想：思維可以是我們的念頭，但如果我們放下了（我）這就是宇宙的念頭，源頭的念頭，那麼只要我們的源是相同的，我們就是一體，當中就有某一種能量緊緊聯繫著。

人類的科學家發現細胞中的DNA被包裝到細胞核中的四十六條染色體上，人類有三十億個鹼基對，如果將這些DNA伸展在一個細胞內，它將長約兩公尺，把所有細胞中的所有DNA放在一起的直徑大約是太陽系直徑的兩倍。如是，我們細胞的溝通需時多久呢？

除卻DNA，宇宙上的一切也是我們的一部分，那麼念頭自然可以改變、修補、加速、減慢……只要這一部分清楚明瞭，其他的就簡單了。

素桑覺得要知道如何對付問題，首先要知道問題所在，地球人現在面對的問題可分成三部分：

一，自然災害。地震、火山爆發、海嘯、隕石墜落，這些在傳統的觀念裡，我們是沒有什麼能力去阻止或改變的，但如果明白一切都是能量/振頻，那麼訊息就可以傳遞，可以推延一點點讓更多的人可以逃生。地球的外殼，即岩石圈（Lithosphere），被分裂成七大板塊，包括：南極板塊、歐亞板塊、印澳板塊、北美板塊、太平洋板塊、非洲板塊和南美板塊。浮在地底岩漿上的就稱爲板塊，當地底岩漿流動會帶動板塊移動，讓板塊產生碰撞、分裂，亦稱爲板塊運動。故此，這些板塊是不停的在移動。如果地球沒有地震和火山爆發，應該也不可能形成現在的風景。例如：喜馬拉雅山脈和青藏高原是由於印度板塊和歐亞板塊之間於五千萬年前碰撞而形成的，至今仍在持續。印尼和菲律賓群島是火山活動和板塊運動結合的結果。由於大陸板塊的匯合，讓這兩個島嶼成了火山和地震活動的溫床。這些島嶼最初是由火山引起的，後來構造板塊的移動導致它們在相對較小的區域內形成爲一組小島嶼。水下火山導致岩漿滲透到海面上，從而形成岩層。岩漿的連續釋放讓這些岩層出現在海面上形成爲島嶼。印尼的阿貢火山（Mount Agung）是一座歷史悠久，經火山爆發而形成的成層火山，華盛頓州的聖海倫火山（Mount Saint Helens）和菲律賓的皮納圖博火山（Mount Pinatubo）都是成層火山的例子。而默拉皮火山（Mt. Merapi）和阿貢火山在過去幾年都曾有爆發或有跡象爆發。

日本的富士山也是成層火山，由玄武岩組成，約於十萬年前誕生於小御岳火山的山麓，經古富士山、新富士山兩代的噴發活動才形成今天的模樣。富士山火山活動的主因是由於太平洋板塊向菲律賓板塊擠壓而往下滑，再與富士山火山帶同步下沉而引起的。另外在九州南部的櫻島火山或櫻花山約在一萬三千年前開始形成，是地球上比較年輕的火山，同時也是世界上最活躍的火山之一。

至於台灣它位於歐亞大陸板塊和菲律賓板塊的交界處，因兩個板塊互相碰撞，使地殼被擠壓抬升形成了台灣島。同時由於這些板塊還是不斷移動的，所以地震仍然會持續。台灣除了地震外還有颱風侵襲，地球的颱風多形成在西北太平洋，而台灣位於太平洋邊緣。颱風要靠近赤道的熱帶洋面生成，基本條件是海溫一定要高於二十六點五℃。不論太平洋西部的「颱風」、大西洋和太平洋東部的「颶風」或印度洋的「旋風」，主要都生成在太平洋西半部，因爲在地球的赤道附近吹東風，會把洋流由東往西吹，在流動過程中，洋流一直受到日照，越來越熱，所以太平洋西半部都比較熱，適合形成颱風，又因爲颶風往西北方向前進，所以經常會威脅到台灣地區、菲律賓、中國南部和日本。

當然地球還有很多地方是火山地震高危地方，例如美國的黃石公園、義大利的維蘇威火山、墨西哥的波波卡特佩特火山、夏威夷的基拉韋厄火山……不能盡錄。美國國家地震中心（NEIC）統計每天約有五十次地震，美國地質調查的報告指出每年大概有五十萬次能檢測到的地震，而有更多發生在偏遠地區或幅度較小，所以地震是地球的特徵之一。在這個情況下我們能做些什麼？

記得有一次，素桑跟幾個姊妹在新聞中看到日本和台灣地震的新聞，她們連結用能量的形式去看個究竟，只見地底之下的裂縫不斷擴大加深，她們勉強把裂縫暫且修補，但地震來勢洶洶，這邊修補了另外一面又會裂開，單憑幾個人的力量實在只能動得分毫。大家回來後深切討論過這個問題，要處理人手不夠的問題容易，但要處理是否、應否、能否的問題才是重點，這是否合乎自然？是大家比較關心的。人類如何能干擾自然的律？但要知道毀滅的自然力量和要拯救的力量是同源的，大家是陰陽、黑白、銀幣的兩面，所以它們往往會同時出現並無抵觸。討論的結果是該做的時候做，該放手的時候放，就是如此。況且一些有經驗的能量工作者會明白沒有得到指示是做不了的，一切都要有指示、有權限。

二，人爲災害。人類大量損耗地球資源，砍伐林木、肉食、垃圾消費直接讓地球的含氧量減少。工業革命之後，人類大量燃燒化石燃料如煤和石油，會使更多的二氧化碳進入大氣層，導致地球大氣層捕獲越來越多的熱量使地球變暖，溫室效應加劇，同時南極融冰，讓水位升高，令好些海岸城市和海島將會受到水淹之災。地球需要大樹以至微小的浮游生物幫忙吸收二氧化碳釋出氧氣，卻由於海洋吸收了大量空氣中過量的二氧化碳，使海水增加了酸性。這被稱爲海洋酸化，海洋生物災害，例如溫暖的海水就是令珊瑚白化的主要原因。另外是化學凝結尾（Chemtrails），是一種用飛機進行人爲噴灑化學物的殘餘，含各種重金屬、病毒、眞菌、疫苗、鎮靜劑、纖維甚至奈米科技和基因改造食物，這些都已證實對人類的身體有害甚至有長遠的影響。

人類面臨最新的不自覺危險當然非5G網路莫屬。二〇一七年來自三十六個國家的一百八十多名科學家和醫生在歐盟提出的5G上訴，警告5G帶來的危險，這將導致人類非自願暴露於電磁輻射的大量增加。科學家敦促歐盟遵循歐洲委員會第一八一五號決議，要求一個獨立的工作組重新評估健康影響。在上訴中指出除了有的2G、3G、4G、Wi-Fi等之外，5G將大大增加射頻電磁場（RF-EMF）的暴露。而射頻電磁場對人的影響包括增加癌症風險、細胞壓力、有害自由基、遺傳損傷、生殖系統的結構和功能變化、學習和記憶缺陷、神經障礙以及對人類總體健康的負面影響。❶

上世紀八、九〇年代科學家讓大家知道什麼是溫室效應、聖嬰現象，這三、四十年地球人對這一切的態度是有改變的，很多人爲此而種樹，成績漸漸看到，Jadav Payeng 在印度東北部的馬久利島（Majuli），自一九七九年以來一直致力於種樹來拯救這個世界上最大的河流島受到侵蝕的威脅，三十年後他種植了一個比中央公園還要大的森林。雖然有些科學家認爲這對地球降低溫度並沒有很大的幫助，但他們忘記了因爲這些森林，很多動物、雀鳥有了棲身地而免於絕種。

這一部分的能量工作是比較容易做的。有很大部分是每人每日可以爲地球做的，例如不用塑膠袋和一次性餐具，到種樹、自耕自足，減少使用汽車、空調、燃油，這樣能減緩南極融冰。這一部分地球人早就該做了，不用等到今天的困境。

註釋：

❶ https://www.jrseco.com/wp-content/uploads/2017-09-13-Scientist-Appeal-5G-Moratorium.pdf
http://www.5gappeal.eu/about/

三，沒有解決辦法的災害。戰爭、核子武器、核電、核化水、地底核爆、生化武器、細菌、病毒、隱形政府。這些在這一刻素桑想不到能怎麼做，或許現在的能力確實不夠去處理這麼困難的任務，或許如果能夠在發生前得以阻止就是最好的方法。

拉瑪那・馬哈希曾經說過：

「創造你的力量也創造了世界。如果它可以照顧你，它也可以同樣地照顧世界。如果上帝創造了這個世界，那麼照顧它就是祂的事，而不是你的。」

"The Power that created you has created the world as well. If it can take care of you, it can similarily take care of the world also. If God has created the world, it is His business to look after it, not yours."

—— Ramana Maharshi

每一次當素桑遇到不能解決的問題，她就會想起這句話，這句話彷彿讓她完全臣服於這個源頭能量。這會把肩上因爲「自我」而負上的擔子拿走。臣服，完全臣服！然後一切就會變得很輕，大家只是棋盤上的棋子，棋手會盤算每一步。

儘管死亡並不存在，生命是一個幻象，但生命還是寶貴的，因爲這是讓每個人跟自性的源頭合一的機會，這一生過後又不知道何時會有下一次機會。

爲了對這個大地能量治療有更多的認識及了解，艾璣和菲月特別結伴到台灣，希望可以親身感受荷蘭科學家亞柏在報告中指出台灣的土地有驚人能量的研究。

這次的行程包括：新竹北埔有機農場、大安森林公園、南港公園、龍山寺、陽明山竹子湖、野柳女王頭……等地方，然後到宜蘭泡溫泉。

根據她們的報告，感覺並沒有那麼強烈，反而覺得有好些地方的能量是斷斷續續不能一氣呵成，譬如說南港公園，有些部分的能量很強，但有些就完全感覺不到。至於女王頭遊客實在太多，艾璣和菲月希望靜靜坐一會的時間也沒有，所以沒有辦法好好感受。

反而是她們南下去宜蘭有些比較有趣的事情，到達後她們在沒有預先安排行程下去了礁溪的林美石磐步道。艾璣說：「我們就像突然走進了一個森林、山澗、淙淙流水的天然世界裡，樹上的精靈可能會隨時出來給我們指路。空氣中滲著樹葉潤濕的味道，地上有青苔，腳踏在泥土上有一種軟綿綿的感覺。菲月和我邊走邊欣賞周圍的景物，感到十分放鬆。前方有一條小溪澗，我把手插入溪水中與水連結，感覺周遭的能量慢慢聚合把我緊緊的包圍著，我看到以前在台灣本土住著五條龍，四條爲了保護台灣已常年在外，留守本土的只剩下一條龍，牠們抵抗著負能量核輻射、天然災害風災、豪雨、地震，而且由於災害的情況越來越糟，這些龍已經開始感到吃力，牠們請我把最後這條龍喚醒，因爲牠必須要出來幫助台灣奮戰到底。這條龍平常的工作是保護台灣的水源，我要喚醒牠，因爲牠必須要醒來保護這些水源不被日本的輻射水和周邊不同地方的污染。這條龍的身體呈藍色，龍身很長，有四條腿、鱗堅如鐵、頭上無角、眼睛圓大，黑色的眼核中間有一條橙紅色，牠留守在這裡，最重要的原因是要穩住這個小島在所有能量交匯的中心點。這個地方有星門、有渦流，是能量的樞紐，必須要內外得到平衡，如果這個地方的能量網受到破壞或移位，就會出現被各種天災侵襲的情形。」

「我知道了，但這個小島和附近的島嶼和海域正在經歷比較持續的地底震頻，如果這個時候不在這裡坐鎮，震頻會更加厲害。」甦醒的龍說。

「這只是我收到需要給你的訊息，對於這一切我也不知道該怎樣處理。」艾璣說。

「你看看！」龍說時在艾璣面前顯現了一幅能量圖。

艾璣看到一幅像虛擬３Ｄ的能量圖，這個圖中顯示出地球的能量網。艾璣估計原本整個地球的能量點都是排列整齊的，這樣住在地球的人才可以平安富足，有助靈性發展，但當然，有誰見過能量網完整平衡的地球？現在艾璣看這個能量圖雖不致東倒西歪，卻明顯發現能量線並不平均，有些地方好像突然消失了一些能量點，有些斷斷續續的被破壞，有些負荷過重，這個原本排列整齊的能量網現在有部分只像幾條斷線，在苟延殘喘的垂吊著。不同的地方有很多紅點、橙點、黃點，有大有小，有些在閃。

「這些顏色點代表什麼？」艾璣問。

「地震、火山爆發的點，紅色是高危，橙色黃色次之。閃動的是正在爆發或爆發不久的地方。點越大震頻和爆發越嚴重。」龍說。

艾璣看著幾乎整個地球很多地方都有些閃動，但突然間有些停止並轉了顏色。

「爲什麼它們會突然間停了？」艾璣觀察下問。

「因爲有光行者、能量工作者或一些薩滿、僧人爲這個地方進行了修補的工作。」龍解釋說。

艾璣雖然一直在做能量修補工作，可從來沒有機會看到如此成效，也把心底的疑慮釋除。

「這些能量線能重新修補和對齊嗎？」艾璣很有興趣的問。

「可以，但需要很多人的幫助，而且不只在能量層也要實地連接。」龍告訴她。

「如果再不作修補，地球會如何？」艾璣問。

「會有越來越多地震、火山爆發、颱風、海嘯、反常的天氣。」龍在能量網上指給艾璣看。

「你所說的問題不是天然會發生的嗎？」艾璣不明的問。

「自然是有它發生的律，但以現時頻繁的情況這已不全是自然的律，還是說這是一個步向毀滅的律。」龍低沉的聲音慢慢的說。

艾璣聽後怔一怔，她明白這是一個需要很多人才可以做到的項目，但可能這是對她們最切身的項目，一個對全地球七十七億人口有影響的項目。

龍說完就離開了。

艾璣和菲月回到酒店好好享受了溫泉帶給身體的放鬆。第二天，她們原本是要等到下午才離開宜蘭到機場的，不知為何酒店的車說下午不能，要早一點送她們到台北。她們匆匆忙忙的收拾就離開了。到達台北，剛坐在酒店的餐廳就感覺到很猛烈的搖晃，吊燈不停晃動，桌上的茶杯也險些震落在地，持續了大概十幾秒，艾璣和菲月感到天旋地轉，最初她們不知道發生什麼事，回過頭來才知道是地震。根據新聞報導該地震震央位於花蓮秀林鄉，達芮氏規模六點一級的地震，地震深度僅有十八點八公里，最大震度七級，台北市感受震度為四級。她們剛離開宜蘭的公路有落石和滑坡，有些掉下來的大石阻止了去路。艾璣和菲月終於明白為何會被提早送往台北，不然可能她們的飛機也會因為道路關係而誤點。

經歷了這次小小的地震，艾璣和菲月心裡面都明白重整地球能量線是刻不容緩的事。

艾璣終於辭了那份高薪但非人生活的工作，全職加入多瑪學院和組織能量救援隊，並和菲月開始了承接洛娃在地球的水晶能量工作。

洛娃去台灣閉關了一年。

汐卡去了蒙古一段時間，回來的感覺是完全回歸星族人，不知道還會留在地球多久。

眾生系列　JP0193

我們都是星族人 1

作　　　者／王謹菱
責 任 編 輯／劉昱伶
業　　　務／顏宏紋

總　編　輯／張嘉芳
出　　　版／橡樹林文化
城邦文化事業股份有限公司
104 台北市民生東路二段 141 號 5 樓
電話：(02)2500-7696　傳眞：(02)2500-1951
發　　　行／英屬蓋曼群島商家庭傳媒股份有限公司城邦分公司
104 台北市中山區民生東路二段 141 號 2 樓
客服服務專線：(02)25007718；25001991
24 小時傳眞專線：(02)25001990；25001991
服務時間：週一至週五上午 09:30 ～ 12:00；下午 13:30 ～ 17:00
劃撥帳號：19863813　戶名：書虫股份有限公司
讀者服務信箱：service@readingclub.com.tw
香港發行所／城邦（香港）出版集團有限公司
香港灣仔駱克道 193 號東超商業中心 1 樓
電話：(852)25086231　傳眞：(852)25789337
Email: hkcite@biznetvigator.com
馬新發行所／城邦（馬新）出版集團【Cité (M) Sdn.Bhd. (458372 U)】
41, Jalan Radin Anum, Bandar Baru Sri Petaling,
57000 Kuala Lumpur, Malaysia.
電話：(603) 90578822　傳眞：(603) 90576622
Email：cite@cite.com.my

封面繪製／ Ziv Eisen
星語圖繪製／ Lydia lam
內文排版／歐陽碧智
封面設計／兩棵酸梅
印　　刷／韋懋實業有限公司

初版一刷／ 2022 年 3 月
ISBN ／ 978-626-95738-6-8
定價／ 450 元

城邦讀書花園
www.cite.com.tw

國家圖書館出版品預行編目（CIP）資料

我們都是星族人 1 ／王謹菱著 . -- 初版 . -- 臺北市：橡樹林文化，城邦文化事業股份有限公司出版：英屬蓋曼群島商家庭傳媒股份有限公司城邦分公司發行，2022.03-
冊；　公分 . --（眾生；JP0193）
ISBN 978-626-95738-6-8（平裝）

1. CST：靈修

192.1　　111002158

廣　告　回　函
北區郵政管理局登記證
北 台 字 第 10158 號

郵資已付　免貼郵票

104 台北市中山區民生東路二段 141 號 5 樓

城邦文化事業股份有限公司
橡樹林出版事業部　收

請沿虛線剪下對折裝訂寄回，謝謝！

|橡|樹|林|

書名：我們都是星族人 1　書號：JP0193

橡樹林文化

讀者回函卡

感謝您對橡樹林出版社之支持，請將您的建議提供給我們參考與改進；請別忘了給我們一些鼓勵，我們會更加努力，出版好書與您結緣。

姓名：＿＿＿＿＿＿＿＿　□女　□男　　生日：西元＿＿＿＿＿＿年

Email：＿＿＿＿＿＿＿＿＿＿＿＿＿＿＿＿＿＿＿＿＿＿＿＿

●您從何處知道此書？

□書店　□書訊　□書評　□報紙　□廣播　□網路　□廣告 DM

□親友介紹　□橡樹林電子報　□其他＿＿＿＿＿＿＿＿

●您以何種方式購買本書？

□誠品書店　□誠品網路書店　□金石堂書店　□金石堂網路書店

□博客來網路書店　□其他＿＿＿＿＿＿＿＿

●您希望我們未來出版哪一種主題的書？（可複選）

□佛法生活應用　□教理　□實修法門介紹　□大師開示　□大師傳記

□佛教圖解百科　□其他＿＿＿＿＿＿＿＿

●您對本書的建議：

＿＿＿＿＿＿＿＿＿＿＿＿＿＿＿＿＿＿＿＿＿＿＿＿＿＿＿＿

＿＿＿＿＿＿＿＿＿＿＿＿＿＿＿＿＿＿＿＿＿＿＿＿＿＿＿＿

＿＿＿＿＿＿＿＿＿＿＿＿＿＿＿＿＿＿＿＿＿＿＿＿＿＿＿＿

我已經完全了解左述內容，並同意本人資料依上述範圍內使用。

＿＿＿＿＿＿＿＿＿＿＿＿（簽名）

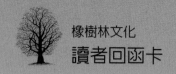